바가와드 기타 강의

일상을 깨우는 세 가지 가르침

바가와드 기타 강의 : 일상을 깨우는 세 가지 가르침

발행일 초판 1쇄 2023년 3월 30일 | **지은이** 김영
펴낸곳 북튜브 | **펴낸이** 박순기 | **주소** 경기도 고양시 덕양구 소원로 181번길 15, 504-901
전화 070-8691-2392 | **팩스** 031-8026-2584 | **이메일** booktube0901@gmail.com

ISBN 979-11-92628-17-2 03270

북튜브 책으로 만나는 인문학강의 세상

바가와드 기타 강의

일상을 깨우는 세 가지 가르침

김영 지음

앞서는 말

네이버 명상 카페에서, 뜬금없이 강제탈퇴를 당했다. 이유를 짐작조차 할 수 없어, 운영진에게 문의 메일을 보냈다. 성전 모독.『바가와드 기타』(*Bhagavad gītā*)에 대해 쓴 몇 줄짜리 내 글에 항의가 빗발쳤단다. 신이 몸소 노래하신, 무결점의 초월적 가르침『기타』[1]를 감히 일개 인간이 비판했다고? 모독하려는 의도는 물론, 내용조차 별것 없는 잡문이라서 황당하기보다는 놀랐다. 인도도 아니고 한국에서,『기타』를 진지하게 '신의 노래'로 여긴다고?

『바가와드 기타』는 힌두교의 신약성서라고 일컬어진다. 바라티(Swāmī Agehānanda Bhāratī = Leopold Fischer)가 말하듯

---

1 『바가와드 기타』는 흔히『기타』라고 줄여서 부르는 경우가 많다. 이 책에서도 가독성을 고려하여 두 명칭을 적절히 혼용하였다.

이『기타』는, 이탈리아의 피자처럼 해외에서 먼저 유명세를 탄 경전이다. 19세기 이전에는 민중이 잘 알지 못했던 엘리트 계층의 저작이, 국외의 열정적 지지를 타고 인도에서 해일을 일으킨 것이다. 일어나 싸우라고 설파한『기타』의 외침은 영국 식민통치 시기, 이 경전을 독립운동의 바이블로 올려놓았다. 마하트마 간디(Mahātma Gandhi)가『기타』를 비폭력의 가르침으로 받아들인 것과는 달리, 실제 이 성전은 독립운동가뿐만 아니라 힌두 테러리스트에게도 영감을 주었다. 영국 식민 당국이『기타』를 두 권 지닌 인도인을 혁명가로 간주할 정도였다.『기타』가 인도 독립운동에 사상적 토대를 제공했을 뿐만 아니라 폭력 조장에도 일조했다는 사실을 모른 채, 이 경전을 막연히 기독교의 성경처럼 성스러운 책으로만 이해하는 것은 몹시 위험하다. 시대를 초월한 신의 노래라도 듣는 귀에 따라 달리 들리니까. 힌두로 태어나지 않은(카스트가 없는) 우리에게는 우리만의 독법이 있어야 한다.

2003년에 처음 원문을 만난 뒤로,『기타』와 애증의 관계를 지속해 왔다. 사랑하는 만큼 미워할 수밖에 없는, 볼 꼴 못 볼 꼴 다 본 연인처럼. 커리큘럼마다 들어 있으니, 헤어지고 싶어도 헤어질 수가 없었다. 날마다 마주하니, 보고 싶지 않은 밑바닥까지 볼 수밖에 없었고. 크리슈나(『기타』에서 가르침을 주는 신) 같은 바람둥이는 정말 질색인데, 이 남자가 이 여자(가르침) 저 여자 집적거리는 꼴도 참아야 했다. 그러면서도 크리슈나가 내 연인이라고 차마 밝히지 못했다. 그를 끝까지 이해할 수 없었기 때문이다. 『기타』가 말하는 세 가지 가르침(요가) ── 지혜(즈냐나), 행위(카르마), 신애(박티) ── 가운데 신을 사랑하는 것 자체가 깨달음의 길이라는 신애의 길이 마지막까지 나를 막아섰다. 시간이 흘러 세상 무언가에 헌신하고 난 다음에야 그 길은 열렸다. 해석가들이 지적하듯, 『기타』는 자기 삶으로 경험해야 이해할 수 있는 가르침을 담고 있다. 『기타』와 연을 맺은 지 20년에 접어든 지금에야 독법을 제안할 수 있게 된 것이 산스크리트 독해의 문제는 아니다(『기타』의 산스크리트는 쉬운 편에 속한다).

신지학(神智學)을 토대로 한 해석은, 『기타』가 마음속에서 일어나는 선악의 갈등을 전쟁에 빗댄 알레고리라고 설명한다. 간디를 비롯해 많은 신비주의자가 수용한 이 해석은 『기타』가 폭력과 카스트(신분제도)를 옹호한다는 사실을 가린다. 낮은 지식(문자적 해석)으로 높은 지식(비의적 해석)을 재단할 수 없다는 것이 핑계다. 이 책은 알레고리적 해석에 반대하지만, 『기타』의 심연에 닿기 위해서는 심리적 접근이 필수라는 입장을 취한다. 내면의 의식을 성장시키기 위한 지침으로 『기타』를 활용하는 실리적 접근이다. 『기타』가 말하는 요가란 깨달음으로 향하는 삶의 길을 말하므로, 그것은 필연적으로 마음에 대한 가르침일 수밖에 없다. 인도의 수행 체계 밖에서, 『기타』를 통해 진리에 다가서는 방법은 심리학적 읽기뿐이지 않을까.

2023년 2월
지은이 김영

차례

앞서는 말 5

1부

바가와드 기타, 존귀한 자의 노래 13

1장 『바가와드 기타』는 어떤 책인가 14

인도의 양대 서사시 14 | 신의 노래 15 | 크리슈나, 비슈누의 여덟번째 화신 16 | 비슈누 파의 경전 19 | 힌두교의 신약 『바가와드 기타』 20 | 서사시는 역사적 사건을 노래할까 22

2장 인도 사상의 두 시원 24

인더스 문명과 아리아인 24 | 전쟁터 쿠룩셰트라 26 | 베다 27 | 두 종류의 성자, 무니와 리쉬 28 | 아슈라마, 두 전통의 통합 30 | 신보다 높은 인간 32 | 업(카르마) 사상이 몰락시킨 제식주의 34 | 베다의 끝 우파니샤드 36 | 『마하바라타』에 없는 것 38 | 유신론을 내세운 『바가와드 기타』 39 | 비슈누의 두 검은 화신 40

3장 전장에 선 영웅들 43

크리슈나 43 | 오형제(판다와) 47 | 백형제(카우라와) 49 | 청년 영웅 라마 vs 중년 영웅 크리슈나 52 | 크리슈나는 왜 전쟁에 나갔을까 67

4장 아르주나의 절망 81

전쟁의 시작 81 | 아르주나의 딜레마 85 | 죽여도 죽인 것이 아니다? 91 | 유희적 세계관 94

2부

바가와드 기타의 가르침 97

5장 지혜(즈냐나)의 요가 98

요가의 4가지 뜻 98 | 두 전통 103 | 낮은 지혜와 높은 지혜 106 | 지혜(즈냐나)의 요가 108 | 지혜의 핵심 111 | 밤에 깨어 있는 자 130

6장 행위(카르마)의 요가 134

제사, 가장기의 의무 135 | 제식주의 비판 137 | 무위 : 아무런 행위를 하지 않는다는 것 140 | 『바가와드 기타』는 왜 제사를 버리지 말라고 할까 143 | 지혜의 제사 145 | 무위의 가르침 149 | 진인사대천명(盡人事待天命)의 가르침 151 | '나'가 행한다는 착각 154 | 행함 없는 행함 157 | 에고(ego)와 참나(Self : 아트만) 161 | 일상의 기술 163

7장 신애(박티)의 요가 168

인격신에 대한 갈망 169 | 인격적 유일신 172 | 지고의 정신 푸루쇼타마(Puruṣottama) 179 | 신이자 인간인 크리슈나 182 | 신애의 대상 크리슈나 185 | 헌신의 가르침 188 | 신애와 구원 192 | 다양한 신애 197

3부

세 가지 요가의 해석과 실천 201

8장 세 갈래 길 202

세 요가는 단계적 가르침일까 204 | 세 요가는 하나의 가르침일까 208 | 세 요가는 차별적 가르침일까 212 | 때와 장소에 따른 선택 219 | 시대에 따른 선택 221

9장 내 밭에 물 대기 223

밭과 밭을 아는 자 223 | 세 가지 요소(구나) 225 | 기질에 따른 가르침 229 | 물질과 정신의 빅뱅 이후, 전변설 235 | 전쟁을 어떻게 해석할 것인가 239 | 이원성의 전쟁 249

10장 삶의 기술로서의 요가 253

세 요가의 결론 253 | 세 요가의 목적 254 | 윤회의 나무 256 | 『바가와드 기타』의 명상법 260 | 세 요가의 현대적 의미 261

11장 바가와드 기타 비판 264

송충이가 갈잎을 먹으면 264 | 죽기 전까지는 죽도록 아프다 269 | 움직일 수 없는 운명 271 | 선악은 다르지 않지만 같지도 않다 273 | 미신숭배 277

뒤서는 말 _ 『바가와드 기타』는 신의 노래일까 279

부록 _ 그림과 함께 읽는 『마하바라타』 281

참고문헌 304 | 찾아보기 306

| 일러두기 |

1 이 책에서 인용된 산스크리트어 문헌은 별도의 국역본 표기가 없는 한, 지은이가 산스크리트어 원문을 저본으로 하여 직접 번역한 것입니다. 『바가와드 기타』를 인용하는 경우에는 인용한 문장의 뒤에 장과 절만을 표시하였으며, 다른 서사시 및 경전을 인용하는 경우, 문헌의 제목과 권, 장, 절만을 표기했습니다. 그 밖의 문헌을 인용한 경우에는 저자명, 서명, 쪽수만을 간단히 밝혀 주었으며, 인용출처의 자세한 서지사항은 권말의 '참고문헌'에 밝혀 두었습니다.

2 단행본·정기간행물과 독립된 저작물로 간주되는 서사시·경전 등의 제목에는 겹낫표(『 』)를, 단편·시 등의 제목에는 낫표(「 」)를 사용했습니다.

3 인명·지명 등 외국어 고유명사는 2002년 국립국어원에서 펴낸 외래어표기법을 따라 표기했습니다. 단 산스크리트어의 표기는 지은이가 정리한 '산스크리트어 표기 원칙'을 따라 표기했으며, 해당 표기 원칙은 오른쪽의 url 혹은 QR 코드를 통해 확인할 수 있습니다.

https://bookdramang.com/2773

1부

바가와드 기타,
존귀한 자의 노래

1장 _ 『바가와드 기타』는 어떤 책인가

인도의 양대 서사시

인류 최초의 서사시는 그리스 시인 호메로스의 『일리아스』 와 『오뒷세이아』입니다. 『일리아스』는 트로이아 전쟁을, 『오 뒷세이아』는 아내에게 돌아가기 위한 남편 오뒷세우스의 모험을 다루고 있지요. 인도에도 이에 필적할 만한 양대 서 사시가 있습니다. 『일리아스』처럼 전쟁을 다룬 『마하바라 타』와, 아내를 되찾기 위한 남편의 모험을 다룬 『라마야나』 입니다. 인도의 두 작품은 '대서사시'라고 불릴 만큼 길지요. 특히 『마하바라타』는 『일리아스』와 『오뒷세이아』를 합친 길 이의 여덟 배나 됩니다. 그리스의 양대 서사시가 기원전 8세 기 작품이라면, 인도의 양대 서사시는 대략 기원전 4세기~

기원후 4세기에 성립된 작품입니다. 동북아시아에서『삼국지』와『서유기』가 차지하는 위치를, 남아시아에서는『마하바라타』와『라마야나』가 차지하고 있다고 볼 수 있습니다.

『마하바라타』	『라마야나』
인도의『일리아스』	인도의『오뒷세이아』
『삼국지』류의 전쟁담	『서유기』류의 모험담 (『라마야나』에 등장하는 원숭이 하누만이 손오공에 영향을 끼침)
저자 위야사	저자 왈미키

신의 노래

『바가와드 기타』는『마하바라타』의 일부입니다. 세상에서 가장 긴 서사시『마하바라타』는 총 18권으로 이루어져 있는데, 여섯번째 권 25장부터 42장까지(700수)가『기타』입니다. 전쟁을 눈앞에 두고 좌절한 왕자 아르주나에게, 비슈누 신의 화신(아바타) 크리슈나가 내린 가르침이 바로『기타』지요. 긴박한 전쟁의 와중에 이렇게 길고(총 18장) 심오한 가르침을 내릴 수 있을까요? 그뿐만 아니라 다른 여러 가지 이유로, 독립된 경전이었던『기타』가 후대에『마하바라타』로 편입되었다고 보는 학자가 많습니다. 대서사시의 일부였든 아니었든, 오늘날『기타』는 별도로 편집되어 읽히는 대중적 경전입니다.

'바가와드'(Bhagavad)는 (신이든 인간이든 상관없이) '존귀한 존재'를 뜻합니다. '기타'(gītā)는 '노래'라는 의미를 지니지요. 다시 말해,『바가와드 기타』는 '존귀한 분의 노래'입니다. 서사시를 이루는 것이 노래로 불릴 수 있는 8음절 4행(pada)의 시이기 때문입니다.『기타』에서 '존귀한 분'은 물론 크리슈나를 말합니다.

크리슈나, 비슈누의 여덟번째 화신

인도의 양대 서사시에 모두 비슈누의 화신(化身)이 등장합니다.『라마야나』에는 일곱번째 화신 라마 왕자가 주인공으로,『마하바라타』에는 여덟번째 화신 크리슈나 족장이 스승으로 나오지요. 비슈누는 창조주 브라흐마, 파괴의 신 쉬바와 함께 삼신(三神)으로 숭배됩니다. 브라흐마가 창조한 세상을 비슈누가 유지하고, 쉬바가 파괴한다고 하지요. 후대에 가면 이 삼신은 단일한 신의 세 가지 모습으로 묘사됩니다. 누가 유일신이냐를 두고 비슈누를 최고신으로 모시는 비슈누

파와 쉬바를 최고신으로 모시는 쉬바 파가 서로 싸우고 있지만요.

난세마다 비슈누는 화신으로 내려와 세상을 지키지요. 10대 화신이 특히 유명하답니다.

첫번째 화신	물고기 맛스야	홍수로부터 인류를 구함.
두번째 화신	거북이 쿠르마	신과 아수라가 바다를 저을 때, 해저에 가라앉은 만다라 산을 들어 올림.
세번째 화신	멧돼지 와라하	바다 밑에 가라앉은 대지를 건짐.
네번째 화신	사자인간 나라싱하	아수라 왕 히란야카시푸를 처치함.
다섯번째 화신	난쟁이 와마나	아수라 왕 발리를 지하세계로 몰아냄.
여섯번째 화신	파라슈라마(도끼를 든 라마)	크샤트리야 계급을 절멸함.
일곱번째 화신	라마	나찰왕 라와나를 죽임.
여덟번째 화신	크리슈나	사악한 외삼촌 캉샤를 제거함.
아홉번째 화신	붓다 혹은 발라라마	세상의 악을 없앰.
열번째 화신	칼키	말세가 끝날 때 세상을 불태움.

세상을 지키기 위해 비슈누는 이렇게 다양한 모습으로 천상에서 내려옵니다. 여덟번째 화신 크리슈나는 『기타』에서 직접 화신에 대해 설명합니다.

나는 태어나지도 변하지도 않으며

모든 존재의 주(主)이지만,

내 물질적 본성(프라크리티)을 토대로

내 자신의 창조력(마야)에 의해 (몸을) 나투나니.

정법(다르마)이 쇠하고

불법이 흥할 때마다

바라타의 후예야,

나는 나 자신을 (세상에) 내보낸다.

선한 이를 지키고

악한 이를 멸하기 위해,

또한 법도(다르마)를 바로 세우기 위해

시대(유가)마다 나는 세상에 출현하나니.4. 6~8

    스스로가 화신(인간)에 불과한데도 크리슈나는 자신이 마치 비슈누 신인 것처럼 말합니다. 세상이 어지러울 때마다 화신이라는 물질적 육체를 창조하여 이 세상에 내려보낸 다고요. 물론 비슈누의 화신은 신의 권능을 고스란히 발휘 하곤 합니다. 다른 신들이 만들어 내는 제한된 능력의 화신 과는 차원이 다르지요. 하지만 『기타』 속 크리슈나가 비슈누의 온전한 발현이냐, 제한된 발현이냐를 두고 견해가 엇갈립니다. 『기타』에서 가르침을 주는 크리슈나는 어떤 존재일까요?

비슈누 파의 경전

세상에서 가장 오래된 현존 경전은 인도의 베다[1]입니다. 베다는 신들의 신 인드라를 비롯해 불의 신 아그니, 태양신 수리야 등, 수많은 신을 찬미하지요. 인도의 종교는 이런 다신교에서, 특정 신을 최고신처럼 추앙하는 교체신교[2]를 거쳐 일원론과 일신교로 변화했습니다. 현재는 비슈누, 쉬바, 대여신(大女神)을 각각 최고신으로 모시는 3대 종파가 대세를 차지하고 있지요. 『기타』는 비슈누의 화신 크리슈나가 주는 가르침을 담고 있지만, 비슈누교에 한정되지 않고 폭넓은 영향력을 지녔습니다. 기원전 5세기경부터 발전한 인격신

---

1 인도로 이주한 인도-유럽인(아리야인)의 경전. 최소 삼천 년 이전부터 낭송되어 온, 현존하는 인류 최초의 경전이다. 이 책 2장 참조.
2 교환신교(Kathenotheism)라고도 한다. 막스 뮐러(Friedrich Max Müller)가 베다의 종교적 특성을 지칭하며 처음 사용했다. 여러 신의 속성을 흡수한 주신을 지고의 유일신처럼 대우하는 것을 말한다. 제사에 따라 주신은 바뀔 수 있다.

숭배를 보여 주는 작품이기도 하고요. 그 시기 인도에서는, 인간 붓다를 스승으로 삼는 불교가 흥성했습니다. 크리슈나도 붓다처럼 어린 시절을 갖는 인간적인 신이지요. 신이한 기적이 아니라, 인간적인 면모에 대중이 열광했던 시대라고도 볼 수 있습니다. 수행을 통해 인간도 신처럼 위대해질 수 있다고 믿었던 시대에 어울리는 화신이 크리슈나 아닐까요? 후대로 갈수록 크리슈나는 유일신으로서의 면모를 강화해 갑니다.

『바가와드 기타』에서 소유격 '바가와드'의 원형은 '존귀한 분'이라는 뜻의 '바가완'(Bhagavan)입니다. 가르침을 내리는 화신 크리슈나를 말하지요. 그런데 '바가완'은 인간적인 절대신, 즉 일신교적인 신의 이름이기도 합니다. 크리슈나를 최고신으로 모시는, 넓게는 비슈누를 최고신으로 모시는 비슈누 파의 경전이지요. 『기타』는 최고 인격신 바가완을 믿는 바가와타 파의 경전에 속합니다.

힌두교의 신약 『바가와드 기타』

기독교에는 『성경』이 있지만, 힌두교에는 공식 경전이랄 것이 없습니다. 방대한 베다와 종파별 경전 가운데 그 어느 것도 『성경』처럼 초월적 권위를 누리지는 못하지요. 1785년 영어로 초역된 『기타』가 신약성경의 위상을 차지한 때는, 영국 식민시절입니다. 널리 알려진 『기타』를 정경(正經)의 지위에 올려놓은 사람은, 힌두교를 기독교처럼 개혁하려 했던 독립운동가들이었답니다. '미개한' 종교 전통을 버리고 힌두교를 강인한 종교로 탈바꿈하여 독립을 쟁취하려 했던 이들이었지요.

『기타』는 일원론적 일신교[3]의 성격을 띱니다. 또한 신약이 인간의 아들 예수를 신의 아들로 올리듯이, 인격적인 신 크리슈나를 유일신의 반열에 올려놓지요. 이렇게 신약과 비슷한 면을 지닌 『기타』는 길이도 짧고 범종파적 지지를 받는 경전이기에 힌두교의 신약성서로 서구에 널리 알려질 수 있었습니다.

서력기원 이전에 성립된 것으로 보이는 『기타』는, 이전 시대의 가르침을 종합하고 융합하여, 힌두교라는 새롭고 대중적인 종교를 열었습니다. 『기타』를 한 시대를 살았던 한 저자의 작품으로 보기 어려운 까닭은, 종합된 견해들을 층

---

3 범아일여(梵我一如)의 일원론을 일신교로 전환한 것.

층이 분리할 수 있을 만큼 융합이 불완전했기 때문입니다. 하지만『기타』는 철학적 견해를 상술하는 경전이 아닙니다. 당시 민중의 종교적 열망에 대한 응답이니까요.

서사시는 역사적 사건을 노래할까

하인리히 슐리만(Heinrich Schliemann)이 트로이 유적을 발굴했을 때,『일리아스』로만 전해지던 신화는 비로소 역사의 일부로 자리 잡을 수 있었습니다. 오형제와 백형제가 싸웠던 전쟁터(쿠룩셰트라)가 발굴되었을 때,『마하바라타』는 드디어 역사의 장 안으로 들어설 수 있었지요. 하지만 트로이 유적이 발굴되었다고 해서,『일리아스』의 기술을 역사적 사실로 볼 수 있을까요? 여신의 아들 아킬레우스가 죽을 수밖에 없는 자신의 운명을 받아들인다는 이야기를?『마하바라타』와 일치하는 고고학적 유물이 있다고 해서,『마하바라타』의 기술을 전부 역사로 받아들이기는 어렵습니다. 신의 화신 크리슈나가 신의 아들 아르주나를 전쟁으로 이끌었다는『바가와드 기타』의 가르침은 더구나 어렵지요.

　인도의 양대 서사시『마하바라타』와『라마야나』는 '대서사시'라고 불립니다. 엄청난 길이 때문이 아니라, 위대한 작품이기 때문이지요. 이 둘만 따로 '이티하사'(Itihāsa)[4]라고 분류하는데, 이는 역사를 뜻합니다. 인도인은 두 서사시의 내용을 실제로 있었던 일로 여기거든요. 그러나 신화와 역사를 구분하지 않는 인도에서, 서사시를 역사로 단정하는 것은 우려스러운 일입니다. 역사를 소재로 한 서사시는 역사가 아니라 문학이니까요. 기원전 8세기경에 왕국을 두고 참혹한 전쟁이 벌어졌었다는 것만을, 우리는 역사로 받아들일 수 있습니다. 이 전쟁의 결과로 북인도의 왕조가 바뀌었고, 이 전쟁이 『마하바라타』의 소재가 되었으리라는 것을 추정할 수 있을 뿐이지요.

---

4 '실로(ha) + 그러하다고(iti) + 했다(asa)'라는 의미이다.

2장_인도 사상의 두 시원

인더스 문명과 아리야인

인도 아대륙 서북부를 흐르는 인더스강 유역은, 1921년에
이르러서야 발굴된 인더스 문명의 요람입니다. 이 광대한
고대문명이 쇠락한 자리에 인도-유럽인의 일파인 인도-이
란인(아리야인)이 이주해 온 때는, 기원전 2000년경이라고 합
니다. 철저한 계획도시가 성장했던 인더스 지역을, 도시라
고는 알지 못했던 아리야인이 차지했다는 것은 역설이 아닐
수 없지요. 원래 살던 곳을 떠나, 말과 마차를 타고 유랑하던
인도-유럽인은 이란과 인도에 들어왔습니다.[1] 유럽인처럼
밝은 피부를 지녔을 아리야인은 어두운 피부의 선주민을 정
복하여 노예로 부렸을 것입니다. 오늘날까지도 굳건한 카스

트[2](사제, 전사, 평민, 노예로 나뉘는 4성 계급제도)의 본딧말이 피부색을 뜻하는 '와르나'라는 것만 봐도 알 수 있지요. 아리야인에게 복속된 선주민[3]은 노예(슈드라)로 전락하고 말았습니다(아리야인에게 정복당한 부족들이 인더스 문명의 후예라고 확신하기는 어렵습니다). 철제 무기를 사용하여 계속 동쪽으로 팽창하던 아리야인은 드디어 기원전 1000년 이후 붓다의 시대에 이르기까지 농사꾼이 되어 북인도에 정착했습니다. 그 사이 아리야인과 선주민 간의 혼혈은 물론 언어 간의 혼합도 생겨났을 뿐만 아니라, 인더스의 사상도 빠르게 아리야인에게 스며들었습니다. 인더스 문명이 이룩한 고도의 물질문명은 아리야인에게 전해지지 못했습니다.[4] 역설적이게도 인더스의 정신문명이 현재까지 큰 흔적을 남겼지요. 요가를 비롯해, 여신(태모)·나무·남근·물 숭배가 인더스에 시원을 두고 있으니까요.

---

1 이란에 정착한 인도-유럽인의 경전은 아베스타(Avesta), 인도에 정착한 인도-유럽인의 경전은 베다(Veda)인데, 두 경전의 언어는 아주 비슷하다. 둘 다 인도이란어파(Indo-Iranian Language)에 속한다.
2 카스트는 포르투갈어 카스타(casta)에서 비롯된 말로, 인도의 4성 계급을 뜻한다. 하지만 인도의 신분제는 '자티'(태생에 따라 대물림하는 직업)와 '와르나'를 함께 말한다.
3 베다에는 다사족, 다시유족 등이 언급되어 있다.
4 인더스 유민이 갠지스강 일대로 이주했다고 보는 견해도 있다.

전쟁터 쿠룩셰트라

『마하바라타』의 절정인 오형제와 백형제 간의 전쟁은 쿠룩
셰트라에서 벌어졌습니다. 쿠룩셰트라는 '쿠루의 들판'(쿠루
+ 크셰트라)이라는 뜻이고, 쿠루는 그들의 조상인 왕의 이름
이지요. 백형제를 '카우라와'라고 부르는데, 이는 '쿠루의 후
손들'이라는 뜻입니다. 이름 자체가 쿠룩셰트라를 차지할
권리를 말하고 있지 않나요? 장남을 직계로 보는 가부장제
에서, 차남의 후손인 오형제는 방계입니다. 오형제의 호칭
인 '판다와'는 '(둘째 아들인) 판두의 아들들'을 의미하니까요.
혈통상의 정통성은 오히려 패배한 백형제에게 있다고 볼 수
있습니다.

전쟁터인 쿠루의 들판은 현재 중북부인 우타르 프라데
쉬 주에 속한다고 합니다. 수도인 델리와 갠지스-야무나 강
사이의 북부 평원이지요. 인더스강 서쪽에서 들어와, 인도
땅에 살던 사람들(선주민)을 복속시키며 동진해 온 아리야인
은, 일찍부터 자기들끼리도 패권을 다퉜습니다. 다섯으로
분열된 아리야 부족들 가운데 바라타족이, 아리야 다섯 왕
과 선주민 다섯 왕, 총 열 명의 왕을 물리치고(십왕 전쟁) 패권
을 장악했지요. 그 뒤 바라타족은 패퇴당한 부족 가운데 푸

루족과 연합하여, 새로운 지배 부족인 쿠루족을 형성합니다. 『바가와드 기타』의 주인공 아르주나를, 바라타 혹은 쿠루의 후예라고 부르는 까닭이 여기 있지요.

베다

구술로 전하는 경전 베다[5]와 함께, 아리야인은 인도로 이주했습니다. 앞부분만 있었던 이 경전은, 이주 후에 인도 땅에서 네 권으로 완성되었지요.[6] 종교사상의 변천을 시대별로 보여 주는 베다는 현존 경전 가운데 가장 오래되었답니다.[7] 이 성스러운 경전은 신에게 영감을 받은 성자들이 지었다고 하지요. 그래서 '슈루티'(들려진 것)라고도 합니다. 베다를 지식의 원천으로 인정해야만 정파로 인정받을 수 있을 정도

---

5 'vid'(알다)에서 'veda'(지식)라는 말이 나왔다. '베다'는 '성스러운(종교적인) 지식'을 일컫는다.

6 네 권의 베다는 『리그베다』, 『사마베다』, 『야주르베다』, 『아타르와베다』이다. 각 베다는 다시 네 개의 부분으로 나뉘는데, 각 부분의 명칭은 상히타, 브라흐마나, 아란야카, 우파니샤드이다. 이 네 개의 부분은 단일한 문헌으로 구성된 것이 아니라, 각각 수십에서 수백 개의 문헌으로 존재한다. 가령 우파니샤드는 공인된 것만 해도 108종에 달한다.

7 가장 앞선 『리그베다』를 기원전 1300~1000년경 작품으로 추정.

로, 이 성전의 권위는 대단합니다. 베다를 인정한 6파 철학[8]만이 정통이고, 베다를 부정한 불교와 자이나교는 이단이지요. 베다 이후에도 경전은 계속 편찬되었습니다. 신의 음성을 담았다는 슈루티에 대비하여, 성자가 직접 쓴 경전은 '스므리티'(기억된 것)라고 합니다. 베다가 아닌 경전은 모두 그보다 후대에 쓰인 스므리티에 속하지요. 당연히 베다보다 권위가 떨어집니다. 『마하바라타』는 베다 이후의 서사시[9]이고, 당연히 그 일부인 『기타』는 스므리티지요. 막강한 영향력을 지녔다고 해도 『기타』의 권위는 베다의 끝부분인 우파니샤드[10]에 미치지 못합니다.

두 종류의 성자, 무니와 리쉬

베다에 보면, 이상한 성자에 대한 경탄이 나옵니다. "황갈색

---

8 상키야, 요가, 니야야, 바이셰시카, 미망사, 베단타.
9 『마하바라타』는 이티하사(역사)로 분류된다.
10 '(스승의 곁에) 가까이 다가가 앉다'라는 뜻으로 사제지간에 전수되는 (비밀스러운) 가르침을 말한다. 우파니샤드는 인도 사상의 철학적 정수를 담고 있다. 베다의 마지막 부분이기 때문에, '베단타'(베다의 끝)라고도 부른다. 6파 철학 가운데 하나인 베단타 학파는 『기타』, 『브라흐마 수트라』와 더불어 우파니샤드를 소의경전으로 삼는다.

으로 염색한 옷을 입은 꾀죄죄한 차림새에 허공을 걷고 독을 마시며"판데,『불교의 기원』, 336쪽 기적을 행한다고요. '무니'라고 불린 이 성자들은 아리야인 사제인 브라만(리쉬)과는 전혀 달랐습니다. 결혼으로 가정을 꾸리는 리쉬와는 달리, 무니는 금욕을 지키며 떠돌아다녔으니까요. 신에게 영감을 받아 베다를 지었다는 아리야 성자 리쉬는 정통인 브라만(브라흐마나)에, 삭발한 무신론자였던 성자 무니는 이단인 사문(슈라마나)에 속합니다. 신들에게 제사를 지내며 현세의 풍요를 갈망하던 아리야인 전통과는 대조적으로, 명상에 잠기고 윤회를 믿었던 비(非)아리야인 전통이 있었던 것입니다. '석가모니'는 샤키야족의 무니[11], 즉 붓다가 된 고타마 싯다르타를 가리킵니다. 그리고 붓다가 사문 전통에 속하는 무니라는 것도 알려주지요. 전사 계급(크샤트리야) 출신인 붓다는 머리를 깎고 탁발에 의지하여 방랑하는 금욕수행자였으니까요. 머리를 기르고 가족을 거느렸던 사제(브라만)와는 완전히 다른 생활을 했답니다. 아리야인의 베다(브라만) 전통과 선주민의 비(非)베다(사문) 전통은 오늘날까지도 인도 땅에

---

11 '석가모니'의 '모니'는 '무니'를 음차한 것이다.

공존하고 있습니다.

아슈라마, 두 전통의 통합

힌두교는 삶을 네 시기로 나누어, 각 시기마다 다른 의무와 목표를 제시합니다. 카스트와 더불어 힌두교의 양대 토대를 이루는 이 제도를 '아슈라마'라고 합니다. 학생기, 가장기, 숲생활기, 마지막으로 출가기를 거치면서 생을 깨달음으로 이끌어 가는 방법이라고 할 수 있지요.

1) 학생기

상위 세 계급(사제, 전사, 평민)은 보통 8~12살[12]에 성스러운 실을 몸에 두르는 의식(우파나야나)을 치르고 스승의 집에 들어갑니다. 성적 순결을 지키고 탁발로 살아가면서, 베다를 배우는 시기지요.

---

12 "브라만의 입문의식은 태중에 든 지 8년째에, 크샤트리야는 11년째에, 그리고 바이샤는 12년째에 거행한다."(『마누법전』 2. 36)

2) 가장기

최소 9~12년의 학업을 마친 뒤에야 자기 집으로 돌아가 결혼을 하고 가업을 이을 수 있습니다. 가정을 부양하는 것뿐만 아니라, 베다를 공부하고 제사를 지내는 것도 가장의 의무입니다. 사회를 실질적으로 지탱하는 중요한 시기랍니다.

3) 숲생활기

자식에게 재산을 물려주고, 아내와 함께 혹은 혼자 숲으로 은퇴하는 때입니다. 숲에서도 신들에게 계속 제사를 지내야 하지요.

4) 출가기

인생의 마지막 시기에 이르면, 오직 해탈을 위해 홀로 방랑하며 수행합니다. 죽음을 기다리며 탁발로 목숨을 이어 가는 때지요.

시기별로 삶을 이끄는 네 단계의 아슈라마는, 선주민의 사문 전통과 아리야인의 브라만 전통이 합쳐진 결과로 보입니다. 현세적인 브라만 전통과는 대조적으로, 유랑하는 수행자(사문) 전통이 있었습니다. 아리야인이 도래하기 이전부터 사문 전통은 태고의 뿌리를 그대로 지켜 왔지요. 불교와 자이나교는 이 전통에서 나온 종교입니다. 업(카르마)에 속박된 윤회(상사라)와 금욕을 말하는 것도 이 전통이고요. 이 세상에서 잘 먹고 잘살기를 바라며, 부나 권력이나 아들을 내려달라고 신들에게 제사를 지내던 아리야인도 점차 사문 전통의 무신론적 금욕수행에 물들어 갔습니다. 그 결과 아리야(브라만) 전통은 학생기·가장기로, 비아리야(사문) 전통은 숲생활기·출가기로 아슈라마 속에 자리 잡았지요. 낯선 사상을 경계하던 브라만 사제들이 결국은 윤회라는 새로운 교리와 그에 따른 수행을 수용하고 아슈라마로 안착시킨 것입니다. 그리하여 윤회에서 벗어나는 해탈은 힌두교에서 인생 후반기의 목표가 되었습니다.

신보다 높은 인간

아리야인에게는 원하는 것을 내려달라고 기원하는 제사가 곧 종교였습니다. 인간의 욕망만큼이나 다채로운 제사가 거행되었지요. 부와 권력, 그리고 아들이라는 단골 청원 말고도 병을 낫게 해달라, 오래 살게 해달라, 전쟁에서 승리하게 해달라 등등 각양의 소원을 이루는 각색의 제사가 있었습니다. 신들은 제사의 공물을 받고 그 대가를 내주는 거래처나 다름없었지요. 사성 계급 가운데 가장 높은 신분을 차지한 브라만은, 주로 다른 사람의 제사를 지내 주는 것으로 생계를 유지했습니다. 주문과 함께 불에 공양을 바치던 소박한 제사가 복잡하고 거창하게 발전한 것은, 사제 계급이 제사의 기술을 독점하게 된 것과 관련이 있습니다.

제사는 소원풀이 부적일 뿐만 아니라, 천국 예약 티켓이기도 합니다. 아리야인이 윤회라는 개념을 받아들이기 전에는 죽은 자가 가는 세상이 따로 있다고 믿었답니다. 이 세상에서뿐만 아니라, 저 세상에서도 (물질적) 행복을 누리고 싶었던 사람들은, "영원한 세계에 대한 희망"판데, 『불교의 기원』, 366쪽을 품었지요. 윤회를 받아들인 뒤 천국은 더욱 간절해졌습니다. 천상으로 보내 주는 제사를 거행하는 사제의 지위가 하늘로 치솟는 것이 당연하지요. 사제 "브라만은 인간이라는 신"『샤타파타 브라흐마나』이라고 할 정도였습니다. 후대에는 제사가 우주와 조응하는 수단이라는 사상까지 발전합니다. 아리야인의 경전 베다는 모두 네 개(리그, 사마, 야주르, 아타르와)이고, 각 베다는 네 부분(상히타, 브라흐마나, 아란야카, 우파니샤드)으로 이루어져 있습니다. 시대순으로 성립한 네 부분 가운데 두번째인 브라흐마나가 이런 제식 만능주의를 표방하지요. 이 브라흐마나가 편찬되던 시대에는, 제사라는 '행위'를 통해 우주가 지속될 수 있다고까지 주장했습니다. 그러니 제사를 올리는 사제의 지위가 신과 맞먹을 수밖에요. 우주를 운행하는 힘을 인간인 사제가 갖게 된 것입니다.

'인간인 신'이 될 만큼 사제의 위상이 높아진 것은, 당연히 신들의 몰락을 가져왔습니다. 이제 신의 호의에 의지하지 않고도, 인간은 제식 행위를 통해 내세의 복덕을 차곡차곡 쌓을 수 있었으니까요. 이렇게 높아진 인간의 지위는 불교에 이르러 신을 넘어섭니다. 해탈을 얻어 윤회를 벗어난 인간이, 윤회를 벗어나지 못한 신보다 우월하다고 여겼거든요. 해탈을 얻지 못하면, 신이나 인간이나 모두 업의 법칙을 벗어나지 못하는 종속적인 존재일 뿐입니다. 깨달음으로 해탈을 성취한 자가 신보다 훨씬 위대한 존재지요. 이제 종교는 신이 아니라, 깨달은 인간을 목표로 삼게 되었습니다.

업(카르마) 사상이 몰락시킨 제식주의

제사가 만능이라는 제식주의는 인간의 지위를 끌어올렸지만, 후대에 수용된 업의 법칙 때문에 심대한 타격을 받았습니다. 뿌린 대로 거두는 것이 업인데, 제사를 지내는 것이 무슨 소용이 있겠습니까. 제사를 지낸다고 한들, 자신이 행한 업은 지울 수 없는데요. 제사가 면벌부가 될 수 없다는 것이 업의 법칙입니다. 자신이 행한 대로 돌려받아야 한다는 인과응보가 업이지요. 제사가 아닌 행위만이 내세를 결정하기 때문에, 인간은 더이상 제사를 올릴 필요가 없어졌습니다. 신들은 업의 시행자 혹은 관리자쯤으로 격하되었지요. 이제 인간의 운명은 온전히 저마다의 손(행위)에 달린 문제가 되었습니다.

업을 뜻하는 산스크리트 단어 '카르마'(karma)는 원래 제사를 의미합니다. 그리고 '제식 행위'(행위)라는 뜻도 있지요. 카르마는 이밖에도 운명, 인과, 결과, 의무 등 다양한 의미를 지니고 있습니다.[13] 내세의 운명(카르마)을 결정하는 것이 제사(카르마)라고 믿든 행위(카르마)라고 믿든, 모두 다 카르마라니 재미있지요. 또한 결과(카르마)를 바라고 제사(카르마)를 지내든, 자기 행동(카르마)의 인과(카르마)를 기다리든 역시 모두 카르마입니다.

---

13 카르마의 다양한 의미 때문에, 중의적 의미 전달을 넘어 오역을 초래한다.

베다의 끝 우파니샤드

각 베다의 네 부분 가운데 가장 늦게 성립한 경전군[14]이기 때문에, 우파니샤드는 '베단타'('베다의 끝'이라는 뜻)라고도 불립니다. '베다의 결론'이라고 할 만큼 베다의 정수를 담고 있지요. 베다의 네 부분 가운데 앞의 두 개(상히타, 브라흐마나)는 제사를 다루기 때문에 제사편이라고 합니다. 나머지 두 개(아란야카, 우파니샤드)는 철학을 다루기 때문에 지혜편이라고 하지요. 지혜편에서는 해탈의 수단으로서 지혜를 강조하는데, 이는 곧 명상을 통한 지혜를 말합니다. 제사를 중시하는 제사편의 세계관과 명상을 강조하는 지혜편의 세계관은 아주 다릅니다. 제사편에서는 제사를 올려 하늘나라에 가려고 하지만, 지혜편에서는 불멸(해탈)을 얻기 위해 내면으로 들어가려고 하지요. 업의 사슬을 끊고 윤회를 벗어나는 해탈이 지혜편의 목표입니다. 아리야인이 업에 따른 윤회를 전면적으로 받아들인 결과가 바로 우파니샤드입니다. 사문 전

---

14 "우빠니샤드는 한 종류의 텍스트가 아니다. 좀 더 오래된 텍스트의 경우 기원전 약 600~300년에 걸쳐 지어졌고, 몇몇 초기 텍스트들은 후기 불교에 존재하며, 『우빠니샤드』라는 제목과 관련된 텍스트는 중세에서 근대에 걸쳐 계속 만들어졌다."(플러드, 『힌두교: 사상에서 실천까지』, 73쪽)

통이 브라만 전통에 종교 혁명을 촉발했고, 그 혁명은 우파니샤드의 철학적 성찰로 마무리됩니다. 형식주의에 빠진 베다의제사를 타파하고, 삶 자체 혹은 내면의 제사(명상)를 통해 참된 자아(아트만)를 실현해야 한다고 우파니샤드는 역설했습니다. 사문 전통의 가르침을 수용함으로써, 베다는 우파니샤드라는 철학적 정수에 도달할 수 있었습니다. 후대의 경전과 철학에, 우파니샤드는 마르지 않는 영감이 되지요. 『바가와드 기타』가 스스로를 우파니샤드라고 칭하는 것[15]은 그 지혜를 계승했다는 뜻입니다. 실제로 우파니샤드와 유사한 구절과 개념이 『기타』에서 다수 발견됩니다. 앞으로 살펴보겠지만, 『기타』는 물질(프라크리티)과 정신(푸루샤)의 이원론을 내세우는 상키야 철학과, 브라흐만(우주아)과 아트만(個我)이 하나(梵我一如)라는 우파니샤드의 일원론을 조화시킵니다. "우파니샤드는 암소요, 크리슈나는 젖 짜는 자, 아르주나는 송아지, 그리고 감로수 같은 『바가와드 기타』는 훌륭한 우유"라다크리슈난, 『인도철학사 2』, 368쪽.인 셈이지요.

---

15 "『바가와드 기타』라는 우파니샤드."

『마하바라타』에 없는 것

『바가와드 기타』를 담고 있는 『마하바라타』는 '힌두 백과사전'이라고 불립니다. 『마하바라타』 안에 있는 것은 이 세상에도 있고, 『마하바라타』 안에 없는 것은 이 세상에도 없다고 할 정도로 방대한 신화, 문화, 사상 등을 포괄하기 때문이지요. 그런데 『마하바라타』에 없는 것이 하나 있습니다. 이 대서사시가 성립할 당시 최성기를 맞았던 불교입니다. 불교로 대표되는 사문 전통에 대한 언급이 『마하바라타』에 쏙 빠져 있지요. 왜 빠졌을까요? 말할 것도 없이 『마하바라타』가 '힌두' 백과사전이기 때문입니다. 제사와 신분제를 부정하는 이단인 불교와 자이나교 탓에, 생계와 전통을 잃어버릴 위기에 처한 브라만들은 대중의 관심을 끌 필요를 느꼈을 것입니다. 젊은이들이 우르르 머리를 깎고 출가해 버리는 것을 보며, '소는 누가 키우나?'라는 생각도 했을 테지요. 이런 위기가 베다의 종교 체계에 혁신을 불러왔습니다. 우파니샤드가 철학적 혁명이라면, 힌두교는 종교적 혁신이라고 할 수 있지요. 사문과 브라만 전통을 철학적으로 통합한 것이 우파니샤드라면, 종교적으로 통합한 것은 힌두교입니다. 불교와 자이나교에 경도된 사람들을 돌려세울 만한 새로운 종교가 탄생한 것이지요. 현세의 행복을 기원하던 소박한 베다교(베다 시대의 종교)는 제사를 초월적 힘으로 간주한 브라만교(브라흐마나 시대의 종교)로 발전했습니다. 하지만 사제 계급의 부패 때문에 위기를 맞은 브라만교는 불교·자이나교의 시대에 사망 선고를 받지요. 이후 불교와 자이나교(사문 전통)의 영향 속에서 탄생한 힌두교는 사문 전통과 브라만 전통을 통합한 새로운 종교입니다. 그뿐만 아니라, 토착 신앙도 합쳐진 범인도적 종교지요.

유신론을 내세운 『바가와드 기타』

무신론의 대표격인 불교가 제사를 거부하며 인도 종교사상계를 풍미하고 있었을 때, 모순되게도 인격신을 섬기는 유신론이 자리를 잡습니다. 사람의 얼굴을 식별하는 능력이 사회성 진화의 핵심이라면, 모든 사물에서 얼굴을 보는 애니미즘적 성향은 그 진화의 부산물이라고 합니다. 모든 것을 인격화하는 본능이 인간의 종교성으로 굳어졌다고 할 수도 있겠지요. 이런 종교적 심성을 타고난 인간이 우파니샤드의 철학과 불교의 무신론에 만족할 수 있었을까요? 부자만 지낼 수 있는 희생제(제사)나, 식자만 알아듣는 철학은 대중과 거리가 멀기도 한데요. 아마도 토착 신앙을 한 번도 떠난 적이 없는 민중이 대다수였을 것입니다. 이런 상황에서 힌두교라는 새로운 종합이 시도되고 있었습니다. 우파니샤드의 철학을 종교적 열정으로 승화하기 위해, 『바가와드 기타』 속 인격신 크리슈나가 앞장을 서지요. 『기타』는 붓다처럼 어린 시절과 인격적 매력을 갖춘 화신 크리슈나를 앞세워, 창백한 철학이 아니라 열정적 종교를 만들어 냅니다.[16] 브라만의 제사, 사문의 지혜(명상), 그리고 토착 신앙을 통합하려 했던 노력이 『기타』로 결실을 맺었다고 볼 수 있습니다.

비슈누의 두 검은 화신

힌두교는 선주민(토착민)의 신을 적극적으로 받아들였습니다. 『마하바라타』의 스승 크리슈나와 『라마야나』의 주인공 라마는 둘 다 어두운 피부를 가진 화신입니다. 유럽인종에 속한 아리야인의 신이 왜 어두운 피부를 지녔을까요? 이름

---

16 축의 시대(기원전 8세기~기원전 3세기)에 등장한 새로운 사상과 철학이 이후 도교, 대승 불교, 힌두교 등 유신론에 자리를 내주는 것도 흥미롭다.

자체가 '검다'는 뜻을 지닌 라마와 크리슈나가 선주민의 신이기 때문입니다. 힌두교는 주로 두 가지 방법으로 선주민의 신앙을 끌어안았습니다.

첫번째는 토착신을 비슈누의 화신으로 넣는 방법입니다. 라마는 일곱번째, 크리슈나는 여덟번째 화신으로 힌두교의 신이 되었지요. 그리고 아홉번째 화신[17]이자 크리슈나의 형이라는 발라라마는 원래 농업과 다산의 신이었다고 합니다. 라마와 크리슈나의 신상을 보면, 피부를 검게 표현한 것보다는 푸르게 표현한 것이 압도적으로 많습니다. 피부색이 곧 신분을 전시하는 카스트 속에서, 선주민의 검은 신을 푸르게 표현할 수밖에 없었던 고충이 느껴지지 않나요?

두번째는 토착신을 쉬바 신[18]의 가족으로 넣는 방법입니다. 각 지역마다 숭배하는 토착 여신(태모)은 쉬바 신의 아내인 파르와티(혹은 두르가) 여신과, 무르칸 같은 토착 남신은 쉬바의 아들 스칸다와 동일시됩니다. 물론 두 가지 방법을 통하지 않고, 베다 만신전 속 신과 직접 동일시되어 힌두교

---

17 부분 화신 혹은 비슈누의 뱀 세샤의 화신이라고 여겨지기도 한다. 후대에는 붓다가 발라라마를 대신하여 아홉번째 화신 자리를 차지했다.
18 인더스에서 출토된 인장 속 남자의 모습(파슈파티 : 동물의 주主)이 원래 쉬바라는 주장도 있다.

에 편입된 토착신들도 있답니다. 이렇게 문호를 넓힌 힌두교는 토착 신앙을 아우르는 다층적 종교로 발전할 수 있었지요.

3장 _ 전장에 선 영웅들

크리슈나

『마하바라타』에 따르면, 크리슈나는 인도 북서 해안의 드와
라카로 이주한 야다와족의 수장이었다고 합니다. 원래 선주
민의 영웅이었다가 신격화된 뒤, 여러 신을 흡수한 것으로
추정됩니다.[1] 크리슈나는 인간이 된 신이자, 신이 된 인간입
니다.『라마야나』의 주인공 라마와 더불어, 오늘날까지 인도
에서 가장 인기 있는 숭배대상이지요.

---

[1] 별개의 신인 와수데와(우리슈니 부족의 최고신), 고팔라(아비라의 부족신), 그리고 나
라야나(힌두쿠쉬 산신) 등이 크리슈나 숭배 전통과 결합했다고 한다.

1) 크리슈나의 생애

① 어린 시절

마투라의 왕 캉샤는 누이 데와키의 아들이 자신을 죽이리라는 경고를 받았다. 그는 데와키와 그녀의 남편 와수데와를 가두고, 아이가 태어날 때마다 죽였다. 여덟번째 아이가 잉태되자, 비슈누는 검은 머리카락 하나를 뽑아 데와키의 자궁 속에 불어넣었다. 한밤중에 태어난 크리슈나를, 경비병이 잠든 틈에 와수데와가 빼돌렸다. 캉샤가 뒤늦게 알고 신생아를 죄다 죽이라는 명을 내렸지만, 크리슈나는 기적적으로 살아남았다. 아이는 목동 난다와 그의 아내 야쇼다를 양부모 삼아 자랐다. 조카를 죽이기 위해 캉샤가 괴물을 여러 차례 보냈지만, 모두 크리슈나의 손에 제거되었다. 넘치는 장난기 때문에 크리슈나는 악동으로 이름을 떨쳤다.

② 청년 시절

아름다운 청년으로 자라난 크리슈나는 여목동들과 사랑의 유희를 즐겼다. 그가 피리를 불 때마다, 여인들은 밀회를 위해 남편의 품을 빠져나왔다. 그들 가운데 크리슈나가 가장 사랑한 여인은 아야나의 아내 라다였다. 한편 캉샤는 무술 대회를 열어 조카를 불러들였다. (거대한 코끼리를 포함하여)

경기장에 오른 이들은, 캉샤가 준비한 흉계였다. 하지만 크리슈나가 상대를 모두 물리치자, 캉샤가 직접 경기에 나섰다. 크리슈나는 그를 죽이고, 할아버지 우그라세나를 다시 왕위에 올렸다. 친부모와 재회한 뒤, 그는 한동안 마투라에 살며 교육을 받았다.

③ 장년 시절

캉샤의 장인 자라산다 왕이 줄기차게 쳐들어오자, 크리슈나는 구자라트의 드와라카로 수도를 옮겼다. 또한 쉬슈팔라 왕의 약혼녀 루크미니를 납치하여 아내로 삼는 등 아내를 셀 수 없이 거느렸다.[2] 드라우파디 공주의 남편을 고르는 대회에서, 크리슈나는 고종사촌들(오형제 가운데 윗 삼형제. 이들의 어머니인 쿤티와 크리슈나의 아버지 와수데와는 남매이다)을 처음 만나 우정을 쌓았다. 누이동생 수바드라를 아내로 줄 만큼, 그는 유달리 셋째 아르주나를 아꼈다. 쿠룩셰트라의 전쟁에 아르주나의 마부로 선 크리슈나는, 온갖 술수로 백형제 측의 장수들을 쓰러뜨렸다. 그 덕분에 오형제가 승리를

---

2 친족 중심의 가부장 사회에서 일부다처제는 혈족간 유대를 강화하는 제도였다.

거머쥘 수 있었다. 백형제의 모친 간다리의 저주 때문에, 크리슈나가 다스리던 야다와족은 술에 취해 서로를 죽이는 것으로 자멸했다. 크리슈나도 곧 사냥꾼의 화살에 맞아 죽음을 맞는다.

2)『바가와드 기타』의 크리슈나 vs『마하바라타』의 크리슈나

『기타』의 크리슈나와『마하바라타』의 크리슈나를 별개의 인물로 취급해야 할까요? 아니면『마하바라타』의 맥락 속에서『기타』의 크리슈나도 이해해야 할까요? 별도 저작이었던『기타』가『마하바라타』에 끼어들어 갔다는 주장을 받아들인다면,『기타』의 크리슈나와『마하바라타』의 크리슈나가 다르다고 이해해야 합니다. 인간 영웅을 다룬 서사시와, 신의 말씀을 전하는 경전은 다를 수밖에 없으니까요.『마하바라타』에서 크리슈나가 그저 인간이라면,『기타』에서 그는 초월적 신입니다.『라마야나』전 7권 가운데, 후대에 덧붙여진 1권과 7권이 주인공 라마를 신으로, 원래 부분인 2~5권이 인간 영웅으로 다루는 것과 비슷합니다. 본래 인간이었던 라마와 크리슈나를 후대에 신격화했다는 주장도 힘을 얻지요.

오형제(판다와)

사촌 사이인 오형제와 백형제는 같은 스승 밑에서 배우며 함께 자랐습니다. 오형제의 아버지 판두가 일찍 죽었기 때문에, 큰아버지인 장님왕(드리타라슈트라)이 자기 아들 백형제와 조카 오형제를 같이 키우거든요. 오형제가 모든 면에서 백형제를 능가했기 때문에 백형제, 특히 맏이인 두료다나는 질투가 나서 오형제를 미워합니다. 오형제가 다 신의 아들이라는데, 인간의 아들이 당해낼 수는 없었겠지요.

1) 맏아들 유디슈티라

정의의 신 다르마의 아들입니다.[3] 그는 의로울뿐더러, 절대 거짓을 말하지 않는다고 하지요. 안타깝게도 도박은 불의에 속하지 않나 봅니다. 나라는 물론 아내와 형제들까지 도박의 판돈으로 걸었다가 죄다 잃거든요. 의로운 유디슈티라의

---

3 오형제의 아버지 판두는 사슴의 저주로 자손을 보지 못했는데, 첫째 부인인 쿤티가 신을 씨내리로 부르는 주문을 이용해 세 아들(유디슈티라, 비마, 아르주나)을 보았다. 판두의 둘째 부인 역시 쿤티의 주문으로 쌍둥이 신 아슈윈을 불러내 아들 둘(나쿨라, 사하데와)을 얻었다. 씨내리 풍습과 오형제의 출생에 관해서는 이 책의 부록(그림과 함께 읽는 『마하바라타』) 참조.

유일한 약점이 도박이었습니다.

2) 늑대배 비마

둘째 아들 비마는 바람의 신 와유의 아들입니다. 바람의 신처럼 천하장사일뿐더러, 늑대처럼 무시무시하게 음식을 먹어치우기 때문에 '늑대배'라는 별칭을 지니고 있습니다. 백형제의 장남 두료다나와 가장 사이가 나빴기 때문에, 시시때때로 암살 위협을 받았습니다.

3) 명궁 아르주나

백발백중의 명사수 아르주나는 제신의 왕 인드라의 아들입니다. 드라우파디 공주의 신랑을 고르는 대회에서 다른 왕들을 물리치고 공주를 차지한 것도 아르주나였지요. 백형제의 맏이 두료다나에게는 카르나라는 벗이자 수하가 있었는데, 아르주나는 카르나와 앙숙이었습니다(사실 카르나는 오형제의 숨겨진 맏형인데요). 결국 쿠룩셰트라에서 벌어진 사촌 전쟁에서 카르나를 죽입니다. 이 전쟁에서 양측 모두 거의 전멸하는데, 유일하게 아르주나의 손자 하나가 살아남아 왕위를 잇게 됩니다.

4) 쌍둥이 나쿨라와 사하데와

신들 가운데 최고 미남이라는 쌍둥이신 아슈윈의 아들들입니다. 이 둘은 위의 세 형과 어머니가 다릅니다. 둘째 왕비의 소생이거든요.

백형제(카우라와)

어렸을 때부터 백형제는 오형제를 시기했습니다. 특히 둘째 비마를 싫어하는 두료다나는, 술을 마시고 잠든 비마를 묶어 강물에 던지기도 하고, 독사를 풀기도, 독을 타기도 했습니다. 오형제가 머무는 집에 불을 지르기까지 하지요. 사촌을 죽이려고 하다니, 아주 악독한 놈이라고요? 왕위 계승을 두고 벌어진 일이라면 그리 험하다고는 볼 수 없지 않을까요? 세계사에서 왕권 다툼으로 벌어진 일을 들춰보면, 이쯤은 장난 수준이라고 할 수 있습니다. 『마하바라타』에서 두료다나는 악역을 담당하지만, 실제로는 훌륭한 왕이었습니다. 귀향살이를 마칠 즈음, 오형제는 그의 평판을 알아보았답니다. 두료다나로부터 왕국을 되찾을 수 있을지 민심을 살핀 것이지요. 뜻밖에도 두료다나는 왕으로서 높은 평가를 받고 있었습니다. 공평하고 훌륭한 지도자였던 것입니다.

백형제의 장남 두료다나는 태양신의 아들인 영웅 카르나가 평생 우정을 지키며 섬길 만한 왕이었습니다. 그런데 『마하바라타』에서는 왜 그를 악의 화신인 것처럼 몰아갈까요? 『마하바라타』를 지은 성자 위야사에게는 제자가 다섯 있었습니다. 인도의 대서사시는 우리 판소리처럼 구술로 전해졌으니, 다섯 제자가 저마다 다른 이야기를 전했다고 볼 수 있습니다. 그 가운데 제자 와이샴파야나의 판본만 남고 나머지 네 개는 모두 사라졌지요. 와이샴파야나의 판본은 사촌 간의 전쟁에서 승리한 오형제를 찬양한 판본입니다. 역사(이티하사)를 자처하는 『마하바라타』가 승자의 기록인 것은 당연하지요. 그러니 오형제에 맞선 두료다나를 악마화했던 것입니다. 그는 천하장사 비마도 이기지 못할 만큼 뛰어난 전사이기도 했습니다. 이런 두료다나를 비겁한 공격으로 쓰러뜨리고, 발로 밟아 모욕한 것은 비마입니다.

쿠루 가문의 간판인 비마와 두료다나가 이렇게 박진감 넘치게 싸우는 것을 보고, 아르주나는 명성 높은 크리슈나에게 이렇게 물었습니다.

"존귀한 분의 생각에는 두 영웅 가운데 누가 전투에서 우세할 것 같소? 누가 더 뛰어나겠소? 크리슈나여, 이를 말해 주시오."『마하바

"정당하게 싸운다면 비마는 이기지 못할 것이다. 그렇지만 정당하지 않게 싸운다면, 그는 두료다나를 확실히 죽일 수 있겠지. 속임수 때문에 아수라들이 신들에게 졌다고 한다. 위로차나는 속임수 때문에 인드라에게 졌어. 인드라가 우리트라의 힘을 빼앗은 것도 속임수 덕분이지. 그러니 속임수라는 수단으로 비마가 기량을 넘어서도록 해야 한다. 아르주나야, 도박이 벌어졌을 때 비마는 전장에서 두료다나의 넓적다리를 곤봉으로 부숴 버리겠다고 맹세했었지. 적을 다스리는 자, 비마로 하여금 그 약속을 지키도록 해야 한다. 속임수를 쓰는 쿠루의 왕을 속임수로 처단해라.『마하바라타』, 10. 58. 4-8 큰 완력의 비마가 속임수로 그를 죽이지 않는다면, 드리타라슈트라의 아들인 백형제(두료다나)가 왕이 되리라."

아르주나는 크리슈나의 말을 듣고 비마의 눈앞에서 자신의 왼쪽 넓적다리를 두드렸습니다. 이 신호를 알아듣고, 비마는 곤봉을 돌리는 등 다양한 기술을 보이며 움직였지요.『마하바라타』, 10. 58. 20-22 비마가 번개처럼 꽝하고 내리친 곤봉은 두료다나의 보기 좋은 양 넓적다리를 부수었습니다. 어깨에 맨 곤봉을 쥐고 비마는, 땅에 쓰러진 두료다나의 머리를 왼쪽에서 발로 뭉개고 말았습니다.『마하바라타』, 10. 59. 12

허리 아래를 공격하면 안 된다는 크샤트리야(전사 계급)의 법칙을 무시하고, 비마는 비겁하게 두료다나의 넓적다리를 곤봉으로 찍어 그를 넘어뜨립니다. 이렇게 전사로서의 명예를 버린 것도 모자라, 그는 발로 두료다나의 머리를 뭉개지요. 인도에서 발은 가장 천한(부정한) 부위입니다. 상서롭지 않기는 왼쪽도 마찬가지지요. 왕이자 사촌인 두료다나를 비마가 왼쪽에서 발로 모욕하자, 이를 차마 눈 뜨고 볼 수 없었던 유디슈티라가 아우를 말렸답니다.

청년 영웅 라마 vs 중년 영웅 크리슈나

대서사시 『라마야나』의 주인공 라마와 『바가와드 기타』의 신 크리슈나는 둘 다 비슈누의 화신입니다. 같은 신의 화신인데도, 라마와 크리슈나는 언행에 큰 차이를 보입니다. 라마가 정의의 화신이라면 크리슈나는 권모술수의 화신이고, 라마가 아내 시타밖에 모르는 순정남이라면 크리슈나는 헤아릴 수 없는 유부녀와 화끈하게 놀아난 바람둥이랍니다. 크리슈나가 얼마나 비도덕적이었는지, 크리슈나 대신 라마를 섬겨야 한다고 주장하는 힌두교도가 있을 정도지요. 두 화신은 왜 이렇게 다른 것일까요?

1) 크샤트리야(전사계급)의 법도

비슈누의 일곱번째 화신 라마는 자신의 대관식 전날 날벼락을 맞습니다. 계모의 흉계로 14년 추방령을 받거든요. 제 아들을 왕위에 올리려는 계모가, 라마의 아버지 다샤라타 왕이 오래전에 했던 약속을 들먹여 라마를 숲으로 쫓아내라고 남편을 옥죕니다. 전쟁터에서 자신의 목숨을 두 번이나 살려 낸 왕비에게, 부왕은 무엇이든 두 가지 소원을 들어주겠다고 약속했었거든요. 그 약속 때문에 왕은 꼼짝없이 사랑하는 맏아들 라마를 추방하고(첫번째 소원), 둘째 왕비의 아들(바라타)을 왕위에 올려야 했습니다(두번째 소원). 이 날벼락에 라마는 어떻게 대처했을까요? 라마를 따르는 이복동생 락슈마나는 펄펄 뜁니다. 아버지가 제정신이 아니시니, 쿠데타를 일으켜 왕권을 장악해야 한다고요.

라마의 어머니가 비통해하자, 락슈마나가 때를 보아 말했다.

"존귀한 분이시여, 여인의 말에 따르기 위해 라마가 왕위의 영광을 버리고 숲으로 간다는 것은, 저 또한 받아들일 수 없나이다. 연로한 왕께서는 감각의 즐거움에 압도되셔서 잘못하고 계십니다. 어찌 왕께서 애욕에 내몰리셨다고 하지 않을 수 있겠습니까? 숲에서 살라며 라구의 후손을 왕국에서 쫓아낼 만한, 그런 죄나 잘

못을 저는 찾지 못하겠나이다. 등 뒤에서 라마의 잘못을 따지는 자를, 저는 세상에서, 쫓겨난 자나 적 가운데에서도 본 적이 없나이다. 정직하고 자신을 제어하며, 심지어는 적들도 아끼는 저리신 같은 아들을, 법도(다르마)를 살피는 그 누가 이유도 없이 버린답니까? 왕의 행실에 유념하는 어떤 아들이, 다시 아이로 되돌아가신 전하의 명을 마음에 두겠습니까?

다른 누군가가 이 일을 알기 전에, 나와 함께 정권을 손에 넣읍시다. 라구의 후손이여, 형을 지키기 위해 활을 든 내가 곁에 있고 죽음과도 같은 형이 서 있는데, 누가 이보다 더 강할 수 있겠어요? 황소 같은 사내여, 반대편에 서는 자는 내 날카로운 화살로 아요디아에서 모두 없애 버리고 말 것입니다. 바라타를 따르거나 그의 이익을 바라는 자는 내가 죄다 죽일 거라고요. 관용은 패배할 뿐입니다. 형과 내게 더할 수 없는 적의를 심어 놓고, 적의 응징자여, 대체 누구의 힘으로 왕께선 바라타에게 왕위의 영광을 주시겠다는 것일까요?

왕비님, 저는 진실로 제 마음을 다해 형에게 헌신하고 있습니다. 만일 라마가 타오르는 불 속이나 숲으로 들어가야 한다면, 왕비님, 앞서 들어가는 저를 보시게 될 겁니다. 타오르는 태양이 어둠을 몰아내듯이, 제힘으로 고통을 몰아낼 것입니다. 왕비님께선 제 힘을 지켜보소서. 라마 형도 봐요."

락슈마나의 말을 듣고, 라마의 어머니는 슬픔에 빠져 울면서 라마에게 말했다.

"아들아, 네 형제 락슈마나의 말을 너도 들었으니, 타당하다고 여기는 대로 이후에 해야 할 일을 하렴. 그렇지만 슬픔 때문에 고통스러운 나를 두고 네가 이리 가서는 안 된다. 만일 네가 다르마를 알고 법도를 행하기를 바란다면, 누구보다 의로운 라마야, 내게 복종하거라. 여기에 머물며 최고의 다르마를 행하거라. 네게 전하가 존경심을 갖고 존중할 만한 분이라면, 나도 그럴 만한 사람이다. 나는 네가 숲으로 가는 것을 허락하지 않겠다. 너와 떨어져 사는 삶이 무슨 소용이란 말이냐? 풀을 먹더라도 너와 함께하는 것이 내겐 더 나을 것이야. 만일 네가 슬픔에 빠진 나를 버리고 숲으로 간다면, 나는 이 자리에서 굶어 죽을 것이다."

불쌍한 어머니가 탄식하자, 의로운 영혼의 라마는 법도를 갖추어 말했다.

"아버지의 명을 어길 능력이 제겐 없습니다. 머리를 숙여 간청하나이다. 저는 숲으로 가고 싶습니다. 아버지의 명을 행하는 이는 저 하나만이 아닙니다. 옛사람들이 가고자 했고 갔었던 길을, 저는 따를 뿐입니다. 이 땅 위에서 해야만 하는 일을 저는 행할 것입니다."

이렇게 말하고 나서, 라마는 락슈마나에게도 말했다.

"락슈마나야, 나를 향한, 비할 수 없는 네 애정은 잘 알아. 그렇지만 진실과 자제력의 뜻을 넌 모르는구나. 법도는 세상에서 최고이고, 그 법도 위에 진리가 서 있지. 아버지의 이 명도 법도에 근거한 절대적인 거야. 나는 아버지의 명을 무시할 수가 없어. 그러니 크샤트리야의 법칙(다르마)을 따르는 그런 저열한 생각은 그만두고, 폭력이 아니라 정의(다르마)에 의지해서 내 판단을 따라 줘."

아내 시타와 아우 락슈마나만을 데리고 라마는 표표히 숲으로 들어갑니다. 뒤늦게 자기 어머니의 악행을 알게 된 이복동생 바라타가 라마를 쫓아와 애걸하지요. 형이 돌아와서 왕위를 이으라고요. 하지만 라마는 부친의 명에 복종하는 것이 법도라면서 고지식하게 14년을 숲에서 보냅니다. 원칙을 목숨보다 소중하게 여기는 영웅이지요. 반면 여덟번째 화신 크리슈나는 전혀 다른 주장을 합니다. 역시나 왕권을 두고 사촌 간의 전쟁이 벌어졌을 때, 크샤트리야(전사 계급)의 법도를 다하기 위해 싸우라며 아르주나를 채근하거든요.

또한 자기(계급)의 법도를 생각한다면
그대는 흔들려서는 안 된다.

크샤트리야에게는 (계급의) 법도에 따른 싸움보다

더 좋은 것은 달리 없나니.2.31

그러나 만일 그대가 (계급의) 법도에 따른

이 전쟁을 이행하지 않는다면,

자신의 법도와 명예를 저버리고

죄를 짓게 되리라.

또한 사람들은 사라지지 않을

그대의 불명예를 이야기할 것이다.

존경받는 이에게

불명예는 죽음보다 더하리니.

위대한 전사들은 그대가 겁이 나서

전쟁을 피했다고 여길 것이고

그대를 존중하던 자들도

그대를 가벼이 여기게 되리라.

그대에게 적대적인 자들이

해서는 안 될 말을 수없이 지껄이면서

그대의 능력을 비방할 터인데,

이보다 무엇이 더 고통스러울까?

죽으면 천국을 얻을 것이요,

이기면 대지를 누리리라.

그러니 쿤티의 아들아,

전쟁을 위해 마음을 다잡고 일어서라.2. 33-37

다르마(Dharma)에는 '진리', '질서', '법칙', '정의' 등 다양
한 뜻이 있습니다. 동양에서 다르마는 섭리와 상통하지요.
동쪽에서 떠서 서쪽으로 지는 섭리를 따르는 태양처럼, 인
간도 인간으로서 당연히 지켜야 하는 법도가 있다는 것입니
다. 인간 사회의 법도를 자연의 법칙처럼 불변의 섭리로 여
겼다는 것을 알 수 있습니다. 당연히 신분제도 섭리로서의
성격을 띠었지요. 사제(브라만)가 베다를 공부하고 전사(크샤
트리야)가 무기로 싸우고 평민(바이샤)이 생업에 종사하고 노
예(슈드라)가 상위계급의 시중을 드는 것이, 따르지 않으면
죄가 되는 섭리였다는 뜻입니다.

　사회 질서를 유지하고 백성을 지키기 위해, 전사 계급에
는 무력이 허용됩니다. 라마가 말하는 '크샤트리야의 법도

(다르마)'란, 힘에 의한 질서를 의미합니다. 크샤트리야 계급은 무력을 숭배하기 때문에, 라마도 자기 힘을 증명하여 아내 시타를 얻었답니다.[4] 하지만 자신이 크샤트리야이면서도 라마는 힘을 따르는 크샤트리야의 법도가 저열하다고 간주합니다. 폭력을 행사하기 때문이지요. 그래서 무력으로 왕위를 쟁취하지 않고, 그냥 포기해 버립니다. 정의(다르마)를 따르겠다면서요. 크샤트리야의 다르마와 보편적인 다르마가 다르다는 것을 알 수 있습니다. 살인을 금하는 것이 보편적인 도덕률이라면, 군인에게 살인을 허용하는 것은 특수한 경우라고 할 수 있겠지요. 그런데 크리슈나는 라마와 전혀 다른 주장을 합니다. 크샤트리야의 법도(다르마)는 싸우는 것이기 때문에, 그 법도를 저버리면 죄를 짓게 된다고 목소리를 높이지요. 크샤트리아의 법도(다르마)가 폭력에 따른 저열한 것이라고 라마가 말하는 것과는 대척점에 있습니다. 보편적인 정의보다 자기 계급의 법도가 우선이라고 하니까요. 같은 화신인데 왜 서로 반대되는 주장을 할까요? 그것은 이 세상에 정의(다르마)가 아니라, 정의들(다르마들)이 있기

---

4 다른 전사들이 들지도 못했던 활을, 라마는 당기다가 부숴 버렸다. 시타의 아버지 자나카 왕은 라마의 괴력에 놀라, 딸 시타를 라마에게 주었다.

때문입니다. 다르마, 즉 정의 혹은 법도가 다수라는 뜻입니다. 라마는 보편적인 정의를 중시했고, 크리슈나는 자기가 처한 특수한 상황의 정의를 고려했습니다.

인도에서 다르마는 섭리로서의 성격을 지니고 있지만, 그것이 인간 사회의 법칙이 될 때 절대성을 지니지는 않습니다. 당위라는 이데올로기의 깃발일 뿐이지요. 크샤트리야의 법도를 따를지 보편적인 도덕률을 따를지, 라마는 스스로 결정할 수 있었습니다. 물론 크샤트리야의 법도를 따르라는 크리슈나도, 보편적인 도덕률을 따르라는 라마도 서로 다를 뿐 틀리지는 않습니다. 그럼에도 불구하고, 크리슈나가 화신이라는 데 생각이 미칠 수밖에 없습니다. 신의 현신이라면서 크리슈나는 왜 사랑과 평화를 소리 높여 주장하지 않을까요? 기껏 다른 이들의 비난(불명예)이 두려워, 스스로 친족을 죽이라며 아르주나를 재촉하다니요? 이렇게 전쟁을 부추기는 신을 과연 의로운 신이라고 할 수 있을까요?

2) 시대에 따른 정의

인도에서는 시간이 영원히 반복된다고 믿습니다. 우주가 창조되어 네 개의 유가(시대)가 차례로 천 번 흘러간 뒤 파괴되는 과정이 계속 되풀이된다고 하지요.

쿤티의 아들아, 한 겁이 다할 때

온 존재는 내 물질적 본성(프라크리티)으로 돌아온다.

한 겁이 시작할 때

나는 다시 그들을 내보내느니라.9.7

네 개의 유가가 이루는 한 주기를 대유가라고 하는데, 이 대유가가 천 번 굴러가야 일 겁(kalpa)이 됩니다(대유가가 432만 년이므로, 1겁은 43억 2천만 년입니다). 창조된 세계는 일 겁이라는 시간 동안 유지된 뒤 해체되었다가, 일 겁이 지난 후 다시 창조됩니다.5 대유가를 이루는 네 유가는 4 : 3 : 2 : 1의 비율을 이룹니다(가장 짧은 말세 칼리 유가가 43만 2천 년). 첫 번째(크리타) 유가에서는 다르마가 네 발 달린 황소처럼 굳건히 서 있습니다. 두번째(트레타) 유가에서 다르마는 세 발 달린 황소가 되지요. 조금 위태로워집니다. 세번째(드와파라) 유가에 이르면, 다르마가 두 발 달린 황소가 됩니다. 언제 쓰러질지 모르는 상태입니다. 마지막(칼리) 유가가 되면 다르

---

5 창조주 브라흐마의 낮과 밤은 각각 1겁(또는 낮과 밤을 합쳐 1겁) 동안 지속된다. 그가 창조한 세상은 낮 동안 유지되다가, 밤에 파괴된다. 창조주 한 명의 수명은 그의 시간으로 1백 년이다.

마는 외다리로 선 황소와 같습니다. 서 있는 것이 용한 상태지요.

유가에 따라 다르마의 상태가 다르다는 것은, 시대마다 지켜야 하는 다르마도 다르다는 뜻입니다. 라마는 두번째 유가에, 크리슈나는 세번째 유가에 출현하는 화신입니다. 다르마가 공고한 편인 두번째 유가이기 때문에, 라마는 자신의 원칙에 따라 왕위를 버리고 숲으로 떠날 수 있었습니다. 떠나기 전에 어머니를 위로하면서 라마가 말합니다. 왕위를 이을 바라타(이복동생)는 의로운 사람이니, 어머니를 박대하지 않을 것이라고요. 만약 바라타가 계모만큼 사악해서 폭정을 일삼을 자라면, 라마는 차마 떠나지 못했을 것입니다. 온 백성이 폭군 때문에 고통을 당할 터인데, 어떻게 자신의 원칙만을 지킬 수 있겠습니까. 한편 크리슈나는 다르마가 위태로운 세번째 유가 끄트머리에 살았습니다. 크리슈나의 죽음 이후 네번째 유가가 시작되지요. 마지막 유가는 악이 정의(다르마)를 압도하는 시대입니다. 선한 자는 악한 자들 사이에서 파멸할 수밖에 없는 말세지요. 그래서 말세 직전에 살았던 크리슈나도 사촌을 죽이는 반인륜적인 행위를 아르주나에게 강요하나 봅니다. 악한 자가 대지 위에 창궐하는 것을 두고 볼 수 없었기 때문일까요? 라마는 두번째 유가의 다르마를, 크리슈나는 세번째 유가의 다르마를 지켰습니다. 정의와 법도는 시대마다 달라지는 것이지요. 승려의 계율을 제정한 뒤 붓다는 당부했습니다. 나중에 맞지 않게 된 계율은 폐하라고요. 시대에 따른 법도도 다르지만, '나'의 정의와 '너'의 정의도 당연히 다릅니다. 다르마는 단수가 아니라 복수니까요.

우리는 지금 말세에 살고 있습니다. 이 풍진세상을 만났으니, 살아남기 위해 정의니 도덕이니 다 무시해야 할까요? 말세에 가까운 시대(세번째 유가)의 정의에 따르면, 친척을 죽여도 될까요? 아무리 시대에 따라 다른 정의를 따른다지만, 이렇게 폭력적인 가르침을 내리는 이가 신의 화신일 수 있을까요?

3) 왕의 법도

『라마야나』에서 가장 중요한 사건은, 라마의 아내 시타가 나찰왕에게 납치된 것입니다. 왕위를 버리고 숲에서 살아가던 라마가 자리를 비운 사이, 나찰왕이 시타를 데려가 궁에 가둬 두지요. 아내의 행방을 알아낸 라마는 원숭이군을 이끌로 나찰왕의 도시로 쳐들어가 시타를 구해 냅니다. 그리고 14년 만에 귀향하여 왕위에 오르지요.

라마는 아리야인이 인도에 정착했던 시대에 법도를 세운 왕입니다. 떠돌아다니는 유목민의 규율과 정착한 농경민의 규율은 다를 수밖에 없습니다. 좁은 공간에 많은 인구가 모여 사는 정착지에서 좀 더 엄격한 규율이 필요하니까요. 라마는 아내 시타가 정절을 지켰다는 것을 알고 있었습니다. 그런데도 백성의 비난을 이유로 임신한 아내를 버립니다. 사랑하지 않는 아내와 헤어질 핑계가 필요했던 것일까요? 하지만 왕비뿐만 아니라 후계자가 절실하게 필요한 왕인데도, 라마는 재혼하지 않습니다. 인도 제사에는 배우자의 역할이 큰데, 라마는 금으로 왕비를 빚어 아내 대신 세워 둡니다. 시타를 잊지 못했기 때문이지요.

나라의 기강을 잡기 위해, 이렇게 왕이 자신의 행복을 희생시켜야만 할까요? 왕은 만백성의 모범입니다. 아리야인이 정착해서 국가의 기틀을 잡던 시기, 사회 규범은 매우 중요했습니다. 가부장제 원칙에 따라 사회제도를 정비할 필요가 있었지요. 그러니 여인은 재산으로서 엄격하게 관리되어야 했습니다. 성적 권리는 남편만이 누려야 했지요. 사랑 찾아 떠나는(물론 법도에 어긋나는 행위입니다) 아내를 막을 수야 없겠지만, 다른 남자에게 갔던 아내를 다시 받아들이면 안 되었지요. 라마가 나찰왕의 집에 머물렀던 시타를 받아들인다면, 평범한 사내가 바람났다가 되돌아온 아내를 받아들여도 허물이 되지 않을 것입니다. 왕이 앞서 행한 일이니까요. 법도가 무너진다고 호들갑을 떨 만한 사안입니다.

크리슈나는 유부녀들과 대놓고 바람을 피웁니다. 여목동을 밤에 몰래 꾀어내어 사랑과 정열을 나누지요. 물론 신과의 정신적인 사랑을 육체적 정열에 비유하기 때문에, 불륜의 사랑도 아름답게 포장되기 마련입니다. 하지만 결혼한 여인이 이렇게 자유분방하게 노니는(!) 것을 가부장제의 법도라고 할 수는 없겠지요. 젊은 크리슈나는 왕도 수장도 아닌 일개 목동이었으니, 라마처럼 모범을 보일 필요가 없었습니다. 라마가 평생 다르마에 끌려다녔다면, 크리슈나는 다르마를 끌고 다녔습니다. 크리슈나는 자신에게 다르마를 맞췄지요. 그리하여 쿠룩셰트라의 벌판에서 크리슈나는 비겁한 술수로 여러 영웅들을 제거하고, 전쟁을 승리로 이끕니다. 세 발 달린 다르마라는 소를 앞세워 라마가 밭(문화⁶)을 갈았다면, 크리슈나는 두 발 달린 소를 질질 끌고 다니며 자

---

6 서구에서 '문화'(culture)라는 말은 '경작'(cultus)이라는 라틴어 단어에서 유래되었다고 한다. 라마의 아내 시타는 대모신의 화신이라고 여겨진다. 그녀의 이름 자체가 '밭고랑'을 뜻하며, 양부 자나카 왕은 밭을 갈 때 밭고랑에서 아기 시타를 얻었다고 한다.

신의 기치로 내보였다고 할 수 있습니다.

4) 청년과 중년

일곱 권으로 이루어진 『라마야나』는 청년 라마의 모험담이 대부분을 차지합니다. 일곱 권 중 1권과 7권은 후대에 덧붙여졌다고 하는데, 1권은 어린 시절을, 7권은 즉위 이후 중년에서 노년까지를 다루고 있지요. 왕으로서 통치했을 뿐, 라마는 아버지가 되는 기쁨도, 사랑하는 아내와 함께 늙어 가는 기쁨도 누리지 못했습니다. 평생 청년 시절의 원칙(다르마)만 지키며 살았지요. 반면 크리슈나는 라마가 누리지 못한 가정적 행복을 누리며 중년으로 성숙합니다. 왕으로서의 의무만을 지닌 라마와는 달리, 크리슈나는 남편으로서 아버지로서 수장으로서 사랑하는 이들의 행복을 지켜야 하는 책임까지 짊어졌습니다. 중년이 감당하는 삶의 무게는, 자기 자신을 온전히 내놓을 수 있는 청년이 감당하는 무게와는 단위가 다를 것입니다. 그렇기 때문에 라마는, 추방령을 듣고 슬픔에 잠겨 자신을 따라가겠다고 하는 어머니에게 여인의 법도를 설합니다. 아들을 따라나서는 것이 아니라, 남편의 곁을 지키는 것이 여인의 도리라고요. 라마의 어머니는 14년이 지나 아들과 재회한 뒤에도 오래오래 살았을 만큼 젊고 건강했지요. 중년의 크리슈나가 그런 일을 당했다면, 그의 어머니는 살아서 아들을 보지 못했을 것입니다. 자기 때문에 어머니가 목숨을 잃거나 어머니를 다시 뵙지 못할 것이 뻔했다면, 라마가 그리 쉽게 떠날 수 있었을까요?

세상 살아가면서 우리는 타협을 합니다. 사랑하는 이들을 지키기 위해 자신의 원칙을 굽혀야 할 때도 있습니다. 삶의 원칙은 나이들수록 유연해지기 마련이지요. 크리슈나도 여러 가지 비열한 일을 저지릅니다. 하지만 젊은 시절 그도 주저 없이 악(폭군 캉샤)에 맞선 청년 영웅이었습니다. 나이가 든 크리슈나는, 쿠룩셰트라의 전쟁에 승자도 패자도 없으리라는 것을 예견할 만큼 현명해졌습니다. 그래서 전쟁에서 무기를 들지 않겠다고 선언하지요. 비참한 전쟁에 끌려나가고 싶지 않았을 것입니다. 하지만 결국 그는 마부로 참전합니다. 왜 그랬을까요?

크리슈나는 왜 전쟁에 나갔을까

1) 크리슈나와 아르주나의 우정

오형제 가운데 위의 삼형제는 크리슈나의 고모(쿤티)가 낳았습니다. 셋 다 크리슈나의 고종사촌이지요. 유디슈티라·비마·아르주나 가운데에서도 크리슈나는 유독 아르주나와 친합니다. 놀러 온 아르주나가 누이동생 수바드라에게 반해 정신을 차리지 못하자, 크리슈나는 아르주나에게 약탈혼을 제안하지요.

> "용맹한 크샤트리야에게는 신부를 납치하는 것도 정당한 혼인의 방법이지. 낭군고르기장[7]에서는 일이 어찌 될지 모르니, 어여쁜 내 누이를 그냥 납치해." 『마하바라타』 1.211

그리하여 크리슈나와 아르주나는 처남과 매부 사이가 됩니다. 그리고 누이 수바드라가 낳은 조카 아비만유가 죽은 뒤, 크리슈나는 태중에 있던 아비만유의 아들을 공격으로부터 지켜 주지요. 전쟁에서 살아남은 이 유복자(아르주나의 손자)가 후에 왕위를 잇습니다. 끈끈한 혈연을 고려하지 않더라도, 크리슈나는 아르주나의 절친한 벗이었습니다. 불의 신 아그니가 두 사람에게 와서 배고프다고 호소하자, 둘은 거대한 숲을 통째로 태워 그 속의 생물들을 제물로 바칩

---

7 무용(武勇)을 겨루는 대회를 열어 크샤트리야 공주가 직접 남편을 고르는 것.

니다. 불을 끄려고 인드라가 내린 폭우도 아르주나가 화살로 막아 내지요. 엿새나 계속된 이 불장난뿐만 아니라, 다사다난한 삶을 두 친구는 함께합니다. 『바가와드 기타』 중간에 크리슈나가 신성한 모습을 드러내자, 아르주나는 놀라 용서를 구하지요.

님을 벗이라고 여겨 함부로 했던 말,

"야, 크리슈나!", "어이, 야두 후손!", "친구야!"라고 하며,

님의 위대함을 모르고

경솔해서 혹은 친밀해서 제가 했던 말

또한 장난으로 님께 했던 무례한 짓

뛰어놀 때나 누워 있을 때, 앉아 있거나 먹을 때

홀로 혹은 다른 사람들이 보는 가운데 했던 짓에 대해

헤아릴 수 없는 님께 용서를 비나이다, 오 쇠락 없는 분이시여!

11. 41~42

말을 놓고 편히 지내던 친구가 위대한 신이었다니, 놀라까무러칠 만합니다. 아르주나가 급하게 공손해질 수밖에요. 두 사람의 우정이 『바가와드 기타』의 가르침을 이끌어 낸 원

동력이라고 할 수 있습니다. 스승과 제자 사이도 아니고, 주인과 종 혹은 신과 인간의 관계도 아니었기 때문에 대등하게 대화를 이어 갈 수 있었으니까요. 크리슈나의 가르침을 이해하지 못하자, 아르주나는 따지듯이 이렇게 묻기도 합니다.

크리슈나여, 행위보다 지성이

더 중요하다고 생각한다면,

탐스러운 머리칼을 지닌 이여,

왜 내게 이렇게 끔찍한 행위를 명하시오?

당신은 의심스러운 말로

내 지성을 혼란스럽게 하는 것 같소.

그러니 내가 최상의 것을 얻을 수 있도록

분명히 하나만 말해 주시오.3. 1~2

신과 인간이 맺을 수 있는 관계[8] 가운데, 친구 관계만이 이렇게 대등하고 거리낌 없는 대화를 이끌어 낼 수 있을 것입니다. 『기타』가 수승한 까닭은, 거칠 것 없이 가까운 두 사람의 우정 덕분이지요.

이제 왜 크리슈나가 마부로 참전했는지 짐작하실 수 있나요? 오형제와 백형제 사이에 전운이 감돌자, 크리슈나는 평화의 사자가 되어 양측을 오갑니다. 하지만 전쟁으로 기운 추를 크리슈나가 돌려놓을 수는 없었지요. 이제 크리슈나가 이끄는 야다와족의 지원을 얻기 위해 백형제의 맏이 두료다나와 오형제의 셋째 아르주나가 각각 크리슈나를 찾아갑니다.

두료다나는 크리슈나가 낮잠에 든 내실에 들어가, 그의 머리맡에 놓인 훌륭한 의자에 앉았다. 뒤이어 아르주나가 들어와, 크리슈나의 발치에서 두 손을 모아 합장하고 서 있었다. 깨어나자마자 크리슈나는, 눈 닿는 곳에 있었던 아르주나를 먼저 보았다. 그는 두 사내를 환영하며 격식을 갖추어 대접했다. 그러고는 그들이 온 까닭을 물었다. 두료다나가 웃으며 크리슈나에게 말했다.

"크리슈나여, 오늘 당신의 집에는 내가 먼저 왔습니다. 전통적으로 먼저 온 사람에게 기회를 주지 않습니까."

---

8 신과 맺을 수 있는 관계는 대략 다섯 가지로 정의된다. ①주인과 종의 관계 ②친구 관계 ③부모와 자식의 관계 ④부부의 관계 ⑤불륜의 관계. 신과 가장 가까운 마지막 관계는, 불륜에 빠진 것처럼 가족·명예·재산 따위를 모두 버리고 신을 따르는 것을 말한다.

크리슈나가 답했다.

"왕이여, 당신이 먼저 온 것은 의심하지 않소. 그런데 내 눈에 먼저 띈 사람은 아르주나였다오. 두료다나여, 당신은 여기에 먼저 왔고 내 눈에 먼저 들어온 것은 아르주나이니, 나는 둘 모두에게 도움을 주겠소. 선택의 기회는 우선 나이 어린 사람에게 주어야 한다고들 하니, 아르주나에게 우선권이 있구려. 내게는 나 같은 소몰이꾼이 셀 수 없이 많다오. 그들 모두가 전투에 능한 용사요. 전장에 서면 감히 넘보기 어려운 그들과, 무기를 내려두고 싸우지 않을 나 가운데 하나를 택하시오. 아르주나여, 정당한 우선권이 그대에게 있으니, 먼저 원하는 것을 하나 고르시오."

크리슈나의 말을 들은 아르주나는, 전장에서 무기를 쓰지 않겠다고 공언한 크리슈나를 선택했다. 두료다나는 수천수만의 병사를 얻고 기뻐했다. 야다와족의 군대를 얻은 그가 돌아가자, 크리슈나가 아르주나에게 물었다.

"무슨 생각으로 싸우지도 않을 나를 택했지?"

아르주나가 말했다.

"당신이 저들 모두를 죽일 수 있다는 데는 의심할 여지가 없소. 빼어난 이여, 나 또한 홀로 저들을 처단할 수 있다오. 당신은 이미 이 세상에 명성이 자자하니, 전쟁의 영광은 당신께 갈 것이오. 나 역시 명예를 구하고자 당신을 택했다오. 당신이 내 마부가 되어 주기를 바라는 마음은 늘 품고 있었소. 오랜 시간 지녀 온 소망이니 부디 허락해 주시오."

크리슈나가 말했다.

"아르주나, 나와 명예를 다투다니 참 그럴싸한 생각이군. 그대의 마부가 되겠다. 그대의 소망은 이루어질 거야."『마하바라타』 7. 7-38

크리슈나의 발치에 서서 공손하게 기다린 아르주나와는 달리, 두료다나는 크리슈나의 머리맡에 앉아 그가 깨어나기를 기다립니다. 천한 발과 귀한 머리라는 신체적 상징에서, 이미 크리슈나의 마음이 아르주나에게 기울 수밖에 없다는 것을 알 수 있지요. 전생부터 크리슈나와 아르주나가 쌓아 왔다는 돈독한 우정을 고려한다면[9], 크리슈나가 참전한 이유는 그놈의 정 때문이라고 할 수 있지 않을까요? 무기를 들지 않을 크리슈나와 야다와 전 병력, 둘 중에서 아르주나가 주저 없이 자신을 택하며 함께 명예를 구하자고 하니 신이라도 어쩔 수 없었겠지요. 먼저 온 두료다나를 제

---

9 언제나 함께하는 '나라'('물'이라는 뜻)와 '나라야나'라는 단짝 신이 아르주나와 크리슈나로 태어난 것이라고 한다. 태초의 바다(나라)에 거하기(아야나) 때문에, 비슈누 신을 '나라야나'라고 부른다. 원래 나라야나는 어업을 하던 원주민이 섬기던 물의 신으로 추정된다. 『마하바라타』에서는 다르마의 아들인 성자로도 등장한다.

치고 선택권을 아르주나에게 주었는데도, 아르주나는 굳이 크리슈나를 택하여 전장으로 끌어냅니다. 아르주나가 군사를 택했더라면, 크리슈나는 두료다나를 돕는 척만 해도 되었을 텐데요. 실례로 큰할아버지 비슈마는 가문의 일원이라서 백형제 편에 서지만, 친절하게도 자신을 죽일 묘수를 오형제에게 일러 주기까지 합니다. 단지 화신이 아니라 유일신의 면모까지 지닌 크리슈나가 고작 (우)정 때문에 전쟁에 나갔다는 것이 실화일까요? 정에 좌우되는 신이라는 사실이 크리슈나를 더욱 인간적인 존재로 느끼게 합니다. 인간세상과 동떨어진 초월적 존재가 아니라, 내 곁에 늘 있는 친구처럼 친밀한 존재가 주는 가르침은 어떤 것이었을까요?

2) 한 시대의 종말

크리슈나는 쿠룩셰트라의 전쟁이 비참하게 끝나리라는 것을 알고 있었습니다. 참전한 자신과 자신의 부족도 그 파국을 피할 수 없으리라는 것을요. 18일간의 전쟁이 끝났을 때, 살아남은 전사는 양측을 합쳐 몇 되지 않았습니다. 후손마저 죄다 죽어 버려, 태어나지도 않은 아이(아비만유의 유복자)가 후에 왕위를 물려받게 되지요. 아들 일 백을 죄다 잃은, 백형제의 어머니 간다리는 전쟁을 막을 수 있었는데도 막지 않았다며 크리슈나를 저주합니다. 친족끼리 서로 죽이는 것을 막지 않았으니, 크리슈나도 그런 꼴을 보게 되리라고요. 크리슈나는 이 저주를 담담히 받아들입니다. 실제로 세월이 흐른 뒤, 크리슈나가 수장인 야다와족은 축제 때 서로 다투다가 자멸하고 맙니다. 크리슈나마저 사슴으로 오인받아, 사냥꾼의 화살에 발을 맞아 죽지요. 전쟁은 끝내 비극만을 남겼습니다. 크리슈나는 무려 신인데, 이런 결말밖에 낼 수 없었을까요?

신성함을 직접 보는 것은 인도에서 매우 중요한 종교적 행위입니다. 굴러다니는 돌덩이에 주황색 칠을 해서 모시는 신에게도, 눈구멍은 반드시 그려 넣는답니다. 크리슈나가 화신이라는 것을 뒤늦게 알게 된 아르주나 역시 공손하게 청합니다. "불멸하는 자아(아트만)를 제게 보여 주소서"11. 4라고요. 그러자 권능을 지닌 크리슈나는 그에게 신성한 눈을 줍니다.

그러나 그대 자신의 눈으로는

나를 볼 수 없노라.

그대에게 신성한 눈을 줄 터이니,

내 장엄한 힘(요가)을 보라.11.8

천안으로 과연 아르주나는 무엇을 보았을까요? 그는 "천 개의 태양이 동시에 떠오른"[11.12] 것 같은 크리슈나의 빛을 목도합니다. 뉴멕시코의 사막에서 인류 최초의 원자폭탄이 터지는 것을 목격한 물리학자 오펜하이머는 천 개의 태양보다 밝은 섬광을 보며 『기타』의 한 구절을 떠올립니다. "세계의 파멸을 위해 도달한"[11.32] 죽음의 신을.

님의 끔찍한 이빨들과, 말세의 불과 같은 입들을 보니,

갈피를 잡을 수 없나이다.

평온도 얻지 못하겠나이다.

은총을 베푸소서, 신들의 신이자 세계의 집이신 분이시여!

저 드리타라슈트라의 아들 전부가

대지의 수호자(왕) 무리,

또한 비슈마[10], 드로나[11], 마부의 아들(카르나)[12]

그리고 우리 군의 수장들과 다 함께

---

10 오형제와 백형제의 큰할아버지.
11 오형제와 백형제의 스승.
12 오형제의 숨겨진 맏형. 백형제의 맏이 두료다나의 벗이다.

끔찍한 이빨이 난,

님의 무시무시한 입속으로 황급히 들어갑니다.

어떤 자는 이빨 사이에 끼어

머리가 부숴진 것처럼 보입니다.

강들의 수없는 물줄기가

바다를 향해서만 치달리듯

인간계의 저 영웅들이

님의 타오르는 입들 속으로 돌진해 갑니다.

부나방들이 파멸을 향해

타는 불 속으로 치달아 들어가듯

세상 사람들도 파멸을 향해

님의 입들 속으로 돌진해 들어갑니다.

님께서는 사방에서 타오르는 입들로

세계들을 모두 핥아 삼키고 계시나이다.

님의 무서운 빛이 온 세상을

열로 채우며 태웁니다, 비슈누시여!

제게 말씀해 주소서. 무서운 형상을 지니신 님은 누구십니까?

최고의 신이시여, 님을 경배하나이다.

은총을 베푸소서. 태초이신 님을 알고 싶습니다.

님께서 행하시는 일을 제가 알지 못하기 때문입니다.

존귀하신 분(크리슈나)께서 말씀하셨습니다 :

나는 세계의 파멸을 위해 도달한 시간이니라.

이곳에서 세상들을 파괴하기 시작했도다.

그대가 아니더라도,

적진에 서 있는 전사들은 모두 스러지리라.11. 25-32

비슈누는 세상을 유지하는 신인데, 그의 화신 크리슈나
가 세상의 파멸을 위해 왔다니요? 앞서 본 것처럼,『기타』는
비슈누 파의 경전입니다. 최고신 비슈누가 "온 세상의 생성
(시작)이며 또한 해체(끝)"7. 6라는 뜻입니다. 크리슈나의 죽음
과 함께 세번째 유가가 끝나지요. 크리슈나는 세상에 창궐
한 악을 일소하고 한 시대를 마무리짓고자 했습니다. 죽음
과 시간의 신으로서의 무시무시함은 한 시대의 종언을 고
하는 심판자의 모습입니다. 넘쳐나는 인간 때문에 고통받

는 대지의 짐을 덜어 주기 위해, 신이 인구 조절(!)을 했다는 주장도 있습니다.[13] 이 주장이 사실이라면, 신의 자비마저도 무한한 것이 아니라, 신의 무자비와 균형을 이루는 것이겠지요.

3) 연극무대 세계관

힌두교인은 우리의 내면에 영원불멸의 영혼이 있다고 믿습니다. 불생불멸의 이 존재를 아트만이라고 부르지요. 아트만은 본래 '숨'(breath)을 의미했습니다. 몸과 삶을 유지하는 힘을 호흡으로 본 것이지요. 후에 제사가 하늘나라 예약 수단이 되면서, 아트만은 제사를 지내면 생기는 또 다른 자아를 뜻하게 됩니다. 지상 위의 육신이 스러져도, 천상에서 제사의 복을 누릴 또 다른 '나'가 있어야 하니까요. 여기에서 업(카르마) 사상의 실마리도 발견할 수 있습니다. 이런 의미 변화를 통해 아트만은 마침내 영혼, 누구나 지닌 자아의 실체를 상징하게 되었습니다.

---

13 지구에 암적 존재인 호모 사피엔스를 줄이기 위해 폭탄 테러를 자행하는, 영화 속 미친 과학자로 크리슈나를 보는 듯하다.

헌 옷을 벗어 버리고

다른 새 옷을 입는 것처럼,

몸의 주인(아트만)도 낡은 몸을 던져 버리고

다른 새로운 몸으로 간다.2. 22

옷처럼 육신을 갈아입는 아트만의 입장에서는, 삶의 생
로병사가 하나의 연극 같습니다. 육체라는 무대의상을 걸치
고, 출신과 역할에 따라 정해진 배역을 연기하는 배우가 아
트만이랄까요? 쿠룩셰트라 전쟁이라는 각본을, 크리슈나
는 망치고 싶지 않았을 것입니다. 후대에 두고두고 회자될
영웅들의 이야기라면 더더욱 그랬겠지요. 전쟁 전에 이미
평화 사절이 되어 양측을 오간 크리슈나로서는 더욱이 이
각본에 책임이 없었습니다. 바야흐로 절정에 달한 연극을
감상할 수밖에요.

4장 _ 아르주나의 절망

전쟁의 시작

크리슈나가 중재한 평화 협상은 깨지고 맙니다. 이제 전쟁은 피할 수 없게 되었지요. 쿠룩셰트라에 무기를 들고 도열한 양측의 전사들을 본 아르주나는, 자신의 마부 크리슈나에게 부탁합니다.

쇠락 없는 이여,

양 진영 한가운데로 전차를 몰고 가주시오.

싸울 욕심으로 정렬한 저들,

이 전쟁을 수행할 때

내가 더불어 싸워야 하는 저들을

제대로 볼 수 있도록.·1. 21~22

　　그러자 크리슈나가 전차를 몰고 가서 두 진영 가운데에 세웁니다. 아르주나는 자신의 친척들이 진을 펼친 것을 보고 어찌할 바를 모르지요. 제 손으로 피붙이들을 죽여야 하니까요.

지극한 연민에 사로잡혀 낙담하면서

아르주나가 이렇게 말했습니다.

크리슈나여, 내 친족들이

싸움을 바라고 진을 친 것을 보니

내 사지가 주저앉고

입은 바싹 타며

몸이 떨리고

온몸의 털은 곤두서는구려.

(내 활) 간디와가 손에서 미끄러져 떨어지고

살갗이 타들어 가니

제대로 서 있을 수조차 없고

내 마음은 오락가락하오.

게다가 나는 불길한 징조들을

본다오, 크리슈나여.

전장에서 자기 사람들(친족)을 죽이고

무슨 영화를 보겠소?

크리슈나여, 나는 승리도 왕국도,

그리고 행복도 원하지 않소.

우리에게 왕국이,

쾌락이나 삶이 무슨 소용 있겠소, 크리슈나여.

우리가 왕국을, 즐거움과 행복을

바라는 것은 저들을 위해서인데

저들은 생명과 재산을 내던지고

이 전장에 서 있구려.

스승들, 아버지들, 아들들,

그리고 할아버지들

외삼촌들, 장인어른들, 손자들, 처남들

그리고 (다른) 친척들

죽임을 당한다고 해도 크리슈나여,

나는 저들을 죽이고 싶지 않소.

삼계의 왕권을 위해서도 그리할 수 없거늘

하물며 땅을 위해 그리하겠소?1. 28~35

아아, 왕권의 기쁨을 탐하여

친족을 죽이는

큰 죄를 우리가

저지르려 하다니!1. 45

전장에서 이렇게 말하고 나서

아르주나는 슬픔에 휩싸인 마음 때문에

활과 화살을 떨어뜨리고

전차 위의 자리에 주저앉고 말았답니다.1. 47

   전쟁이 시작되기 전에 아르주나가 선 곳은 양 진영의 중
간입니다. 어느 한 편에 속하지 않은 중립지대에서 이 전쟁

을 객관적으로 바라보는 것이지요. 눈앞의 적은 사촌과 일가 친척입니다. 사랑하는 이들과 행복을 누리기 위해 왕국의 부와 권력을 쥐려는 것인데, 사촌 간의 전쟁은 오히려 왕권의 대가로 스승과 일가친척의 피를 요구합니다. 수단이 목적이 되고 말았으니, 아르주나가 혼란을 느낄 법합니다. 가문을 무엇보다 중시하는 전통 사회에서, 제 손으로 일족을 죽여야 한다니, 절망에 빠지는 것도 당연하지요. 그 절망의 바탕에는 이 세상에서 누리는 모든 것이 무상하다는 허무가 있습니다.

아르주나의 딜레마

1) 죄와 잘못은 다르다

다르마(Dharma)는 섭리, 정의, 법도, 덕, 종교, 의무, 윤리 등 다양한 뜻을 아우르고 있습니다. 해와 달이 동쪽에서 떠서 서쪽으로 지는 섭리(자연의 법칙)처럼, 힌두교에서는 인간 사회의 정의와 법도, 그리고 그것을 따르는 것을 종교적 의무로 규정합니다. 인간 사회의 질서를 하늘의 법칙과 일치시키는 이데올로기지요. 인간의 법도를 하늘의 섭리라고 규정하여, 구성원들에게 따르라고 강요하는 것입니다. 특히 신분제(카스트)와 아슈라마를 영원한 하늘의 법도라고 합니다. 신분의 의무를 따르지 않으면 섭리를 거스른 '죄'가 되지만, 살인을 하면 인간의 법을 어긴 '잘못'이 된다는 뜻입니다. 오늘에 이르기까지 인도에서는 형사권을 왕이나 정부가 행사하고, 민사는 종교법을 따른답니다. 인간의 법에 의해 처벌받는 살인·절도·폭행 따위보다, 하늘의 법도에 어긋나는 신분·가정 질서 파괴가 더 중죄입니다. 전사라는 신분으로 보나 가장기의 의무로 보나, 아르주나는 무기를 들어야 합니다. 그런데 왜 무기를 떨어뜨리고 주저앉았을까요?

2) 윤리는 있어도 도덕은 없다

사람을 죽이면 안 된다는 보편 도덕과, 전쟁에서 물러나면 안 된다는 전사 계급의 특수 윤리 사이에서 아르주나가 갈등한다는 것은, 종교사를 고려하지 않은 분석입니다. 왜냐하면 초기 종교에는 보편적 도덕의 개념이 희박하기 때문입니다. 흔히 종교가 권선징악을 위해 생겼으리라고 착각하곤 하지만, 옛날 신들은 선을 행하거나 도덕적 모범을 보이는 데 그다지 관심이 없었습니다. 종교는 집단 간의 규율과 집단 내의 결속을 위해 발전했을 뿐, 도덕성의 함양을 위해 생긴 것이 아니거든요. 구약의 하나님은 십계명을 내려 살인을 금했지만, 그것은 유대인 내부의 규율이었습니다. 이민족의 성을 점령한 뒤 여호수아는 "숨쉬는 것이면 하나도 살려 두지 않고 모조리 칼로 쳐 죽였"[1]지만, 양심의 가책을 느끼지 않았습니다. 『마하바라타』 속 크리슈나 역시 부족에서 벗어나지 못한 지역 신의 모습을 보여 줍니다. 자신을 모욕한 자를 직접 처단해야 했지요. 공동체의 결속을 해치는 불륜도 서슴없이 저지릅니다. 하지만 『기타』 속 크리슈나는 유일신에 가까운 권능을 보여 줍니다. 세상을 창조하고 파괴하며, 도덕률을 내리고 강제할 수 있는 '큰 신'입니다. 하지만 막 태동한 힌두교가 화신 크리슈나를 심판자의 역할로 격상하지는 못했습니다. 초기 힌두교는 신분제와 가부장제라는 사회 질서를 우선했기 때문에, 『기타』의 다르마를 보편적 도덕으로 보기에는 무리가 있거든요.[2] 당시 불교는 윤회에 인과응보를 넣어 도덕성을 부여함으로써, 기독교는 평등과 금욕을 강조함으로써 이미 보편 종교로 발전했답니다. 하지만 힌두교가 보편 종교로 완성되기까지는 시간이 더 필요했지요.

---

1 「여호수아」(11. 30).
2 아직도 인도에는 하층민과 결혼한 딸을 친부모가 죽이는 일이 드물지 않습니다. 신분 질서를 천륜보다 중하게 여기기 때문입니다.

3) 지혜의 길과 행위의 길은 충돌하지 않는다

직업을 영위하며 자신에게 주어진 의무를 해내는 길(베다 제사편의 가르침)과 생명을 긍휼히 여기며(아힝사 : 불살생) 지혜를 닦는 길(베다 지혜편의 가르침)은 서로 다릅니다. 브라만 전통에 속한 베다는 재가의 길을, 사문 전통의 영향을 받은 우파니샤드는 출가의 길을 가리켜 보이지요. 아르주나가 무기를 버리고 전장을 떠나면, 출가자가 따르는 지혜의 길에 들어서는 것입니다. 크리슈나의 조언에 따라 전쟁에 나서면, 재가자가 따르는 행위의 길을 가는 것이고요.

　　출가는 자신의 가족과 신분, 재산과 지위를 다 버리는 것입니다. 바다와 합류한 뒤에는 강의 수원을 따지지 않듯이, 출가 뒤에는 신분도 사라집니다. 신분에 부여된 권리와 의무도 없어지지요. 출가하면 전사(크샤트리야) 계급에 부과된 임전무퇴의 의무를 버릴 수 있습니다. 그저 행위의 길(가장기)에서 지혜의 길(출가기)로 갈아탈 뿐이지요. 두 길은 충돌하지 않습니다. 쿠룩셰트라에서 지혜의 길(지혜의 요가)과 행위의 길(행위의 길)이 맞부딪친다는 견해는, 아슈라마를 헤아리지 않았습니다. '지혜냐 행위냐'라는 철학적 문제가 아니라, 내 손으로 친족을 죽일 수 있느냐 없느냐로 아르주나는 번뇌할 따름입니다.

4) 다르마의 충동

힌두 다르마는 카스트(신분질서)와 아슈라마(생애 주기)를 핵심으로 합니다. 전투에 임하는 것은 전사의 다르마(의무)이고, 가문을 잘 꾸려 나가는 것은 가장기의 다르마지요. 아르주나가 전사의 다르마에 따라 사촌들과 전쟁을 벌이면, 가문의 다르마를 무너뜨리게 됩니다.

가문이 몰락하면

가문의 영원한 법도가 무너지고,

법도가 없으면

온 집안에 법도에 어긋난 것이 횡행하오.

법도에 어긋난 것이 횡행하면 크리슈나여,

가문의 여인들이 타락하고

여인들이 타락하면 우리슈니족의 사내여,

계급이 섞이오.

계급이 섞이면, 가문을 파괴한 자와

가문에는 지옥뿐이오.

떡과 물의 제사가 끊겨

조상들 역시 지옥으로 떨어진다오.

가문을 파괴하는 자가 저지르는,

계급의 혼잡을 초래하는 이 과오 때문에

영원한 신분(카스트)의 법도와

가문의 법도는 무너지고 말 것이오.1. 40-43

가문의 법도(다르마)가 무너지는 것은, 계급이 섞여 혼종 신분이 생겨나는 것을 뜻합니다. 신분질서가 우주의 법칙이라고 굳게 믿는 힌두에게는 천인공노할 일이지요. 그러니 아르주나는 싸우나 싸우지 않으나, 다르마를 걱정해야 하는 처지입니다. 하지만 계급이 섞이는 것을 진심으로 걱정해서, 아르주나가 절망했을까요? 아직 타락하지도 않은 여인들 탓을 미리 하며 법도 운운하는 것이, 왠지 싸우지 않을 핑계를 찾는 것 같지 않나요?

5) 한 인간의 슬픔

백형제보다 오형제를 아끼는 큰할아버지 비슈마, 아르주나를 수제자로 삼은 드로나, 한 배에서 난 친형 카르나, 미우나 고우나 함께 자란 백형제를 적으로 돌리는 것이 쉬울까요?

인간이라면 누구나 스승과 친척이 적으로 돌아선 이 상황에 절망할 것입니다. 전쟁을 모면하려고 발버둥치는 것이 당연하고요. 다르마를 따지기에 앞서, 인간으로서의 감정을 헤아려야 하지 않을까요?

죽여도 죽인 것이 아니다?

> 사내답지 않게 굴지 말라.
>
> 이는 그대에게 어울리지 않으니.
>
> 하찮은 소심함은 떨쳐 버리고
>
> 일어나라, 적을 괴롭히는 이여!2.3

아르주나가 이렇게 절망에 빠지자, 크리슈나가 그를 책망합니다. 친형제들을 두고는 그가 전쟁에서 물러나지 못한다는 것을, 크리슈나는 너무나 잘 알고 있었던 것이 아닐까요? 성질 급한 둘째 형 비마는 두료다나를 죽이겠다고, 아내 드라우파디는 자신의 옷을 벗겨 내려 했던 백형제의 피에 머리를 감겠다고 맹세했으니까요. 게다가 홀로 전장에서 물러나거나 함께 나가서 싸우거나, 이 전쟁의 시작과 끝은 이미 정해져 있습니다. 피할 수 없는 운명의 수레바퀴에 깔리

는 것보다, 수레를 타고 달리는 것이 낫지 않을까요?『마하
바라타』의 앞뒤 맥락에서 보면, 크리슈나는 그저 사랑하는
벗 아르주나를 다독이고 싶었던 것일지도 모릅니다.

크리슈나가 힐난해도, 아르주나는 "구걸하며 다니는
것"2.5이 낫지, 차마 어른들을 해칠 수는 없다며 싸우지 않겠
다고 버팁니다. 그러자 크리슈나가 벗을 위해 아르만을 설
하지요.

세상 만물에 퍼져 있는 그것(아르만)이

파괴되지 않는다는 것을 알라.

그 누구도 불멸의 그것을

파괴할 수 없다.2.17

그것(아르만)이 누구를 죽인다거나

누군가에게 죽임을 당한다고 생각하는 자는

둘 다 제대로 알지 못하는 것이다.

그것은 죽이지도 죽임을 당하지도 않나니.

언제든 그것(아르만)은 태어나지도 죽지도 않는다.

있었다가 다시 없어지지도 않는다.

태어나지 않으며 영원하고 영속하는 이 태고의 것은

육신이 죽더라도 죽지 않나니.2. 19~20

그것(아트만)이 끊임없이 태어나고

끊임없이 죽는다고 여길지라도

큰 완력을 지닌 자여,

이를 슬퍼해서는 안 된다.

태어난 것이 죽는 것은 변치 않고

죽는 것이 태어나는 것 또한 변치 않는다.

그러므로 피할 수 없는 일 때문에

그대는 슬퍼할 필요가 없다.2. 26~27

크리슈나는 말합니다. 우리가 가진 영혼 아트만은 "칼로 벨 수도 불로 태울 수도 없는"2. 23 영원불멸의 것인데, 어떻게 아트만을 죽일 수 있겠냐고요. 육신을 죽이더라도 영혼을 죽일 수는 없으니, 마음껏 죽이라는 말로 들립니다. 영혼이 영원하다고 해서, 우리가 영생하지는 않는데요. 게다가 영혼이 영원하다고, 지금 이 순간의 삶이 가치 없다는 뜻도 아니잖아요?

끝이 있는 것은 이 몸,

영원하고 불멸하며 가늠할 수 없는

영혼(아트만)이 든 육신뿐이다.

그러니 싸워라, 바라타의 후예야!2. 18

크리슈나도 이 몸이 유한하다고 말합니다. 영혼이 몸을 옷처럼 갈아입는다고 해도, 경험과 기억이 만들어 낸 '나'라는 정체성은 몸과 함께 끝날 수밖에 없지요. 그러니 사랑하는 이가 죽으면, 우리는 더이상 그와 함께할 수 없습니다. 슬픔을 느끼는 것이 당연합니다. 게다가 전장에서 맞는 죽음은 평온한 자연사가 아닙니다. 살이 찢기는 고통 속에 몸부림쳐야 하지요. 깨달은 이에게는 삶도 고통도 다 신기루일 뿐이지만, 깨닫지 못한 우리에게는 지금 이 삶만이 중요하고 지금 이 고통만이 괴로울 뿐입니다. 크리슈나가 그것을 몰랐을까요?

유희적 세계관

이 세계는 비슈누가 우주의 대양 위에 누워 꾸는 꿈인지도 모릅니다. 우리 모두는 신의 꿈속에 찰나 나타났다가 사라지는 환영일 수도 있지요. 베단타 철학에서는 전 우주에 실재하는 것이 브라흐만밖에 없다고 합니다. 종교의 용어로는 신(이슈와라), 과학의 용어로는 에너지라고 이 브라흐만을 얼추 표현할 수 있겠습니다. 그런데 '브라흐만이 바로 아트만입니다'(梵我一如). 만물을 이루는 근원이 영혼을 이룬다고 하지요. 하늘에 뜬 달은 하나지만, 강마다 달이 비추는 것과 같습니다.

이제 쿠룩셰트라로 돌아가 볼까요? 전장에 모여든 전사 모두 봄날의 아지랑이와 같습니다. 아트만만이 실체일 뿐이니까요. 아트만이라는 필름을 영사기를 통해 스크린에 비춘 것처럼요. 사촌 간의 참혹한 전쟁이 갑자기 영화로 바뀝니다. 피 튀기는 살육도 그저 '쇼'일 뿐이지요. 영원의 견지에서는 모든 것이 유희입니다. 우리는 모두 VR(가상현실) 게임 속에 아바타로 들어간 존재지요. 게임에 몰입하여 아바타를 진짜 나 자신처럼 여기면서, 4D의 경험을 누리고 있습니다. 영화 매트릭스에 나오는, 인간을 배양하는 기계 속에 들어가 매트릭스라는 가상 세계를 체험하는 것과 다름없습니다. 말세적 세계관의 쿠룩셰트라 게임은 인터렉티브(선택형) 시나리오를 채택하고 있습니다. 전쟁을 피할 기회가 여러 번 주어졌지만, 결국은 전쟁 이벤트로 연결되었지요.

가상현실 속에서 느끼는 감정은 가짜가 아닙니다. 다만 환경이 조건 지어졌을 뿐이지요. 게임 속에서 이벤트가 열릴 때마다, 우리는 성공하면 웃고 실패하면 우는 것을 그저 반복해야 할까요? 삶을 즐기라는 말은, 삶이 선사하는 다채로운 경험을 수용하라는 뜻입니다. 일희일비(一喜一悲)하지 않고, 있는 그대로를 받아들이는 삶의 방식이 '요가'(가르침)라고 『기타』는 말합니다. 이것이 삶의 공허를 극복하는 방법이기도 하고요. 우리는 이것을 이 책 6장 '행위의 요가'에서 다시 살펴볼 것입니다.

2부

바가와드 기타의
가르침

5장 _ 지혜(즈냐나)의 요가

요가의 4가지 뜻

요가는 어근 'yuj'(묶다)에서 파생된 명사입니다. 몸과 마음을 하나로 묶는다는 뜻에서, 집중을 의미합니다. 이밖에도 다양한 뜻이 있지만, 『바가와드 기타』에서는 주로 네 가지 뜻으로 쓰입니다. 『기타』에 자주 등장하는 단어인 요가를 올바로 이해해야, 경전의 맥락을 제대로 파악할 수 있지요.

1) 동등함(차별하지 않음)

아르주나야, 집착을 버리고

요가에 굳건히 서서 행동하라,

이룸(성공)과 이루지 못함(실패)을 똑같이 여겨라.

요가는 '동등함'이라고 일컬어지나니.2. 48

동등함은 성공과 실패를 차별하지 않는 것을 말합니다. 좋고 싫은 것을 구별하지 않는 것이지요. 사람인데 어떻게 그럴 수 있냐고요? 그래서 동등함은 곧 내려놓음(포기)과 욕망의 극복을 말합니다. 결과를 얻으려는 의도(욕망의 동기)를 포기하는 것이지요. 자신이 원하는 것을 포기하고, 좋으나 싫으나 마음의 평정을 유지하는 것은 자기 극복의 결과입니다.

내려놓음이라고 하는 것이

(바로) 요가라는 것을 알라, 판두의 아들아.

의도를 내려놓지 않고는

누구도 요가 수행자가 될 수 없느니라.6. 2

2) 심신이 하나된 경지

베다 때문에 혼란해진

그대의 지성이

흔들림 없이 삼매에 굳건히 서면

그대는 요가를 얻으리라.2. 53

쉴 새 없이 오가는 생각과 감정 때문에, 마음은 늘 헷갈리기 마련입니다. 이런 마음을 다잡고 집중해야, 삼매(사마디)의 경지에 오를 수 있지요. 삼매, 즉 정신통일의 경지를 요가라고 합니다.[1] 물론 이 경지에 오르려면, 몸과 마음을 혼란스럽게 하는 욕망을 버려야 하지요. 동등함에서와 마찬가지로, 욕망을 충족시키려는 의도를 포기해야 한다는 뜻입니다.

감각대상에도 행위에도

집착하지 않고

모든 의도를 내려놓은 자

그를 요가에 오른 자라고 일컫기 때문이다.6. 4

---

1 파탄잘리(Patañjali)는 『요가 수트라』를 지어, 요가를 체계적으로 정리한 사상가이다. 그의 8지(단계) 요가에서는, 본격적인 명상을 세 단계로 나눈다. 첫 단계는 '다라나'라고 하는데, 정신을 (한 곳에) 집중한 상태를 말한다. 두번째 단계 '디야나'는 그 집중이 안정적으로 지속되는 상태다. 마지막 '사마디'(삼매)에서는, 일시적이지만 세상의 모든 고통으로부터 자유로워진다.

3) 행위의 기술

지성을 갖춘 이는 이 세상에서

잘한 일이나 잘못한 일, 둘 다를 버린다.

그러니 요가에 힘쓰라.

요가는 행위의 기술이다.2. 50

앞서 말했듯이, 요가는 집중 상태(삼매)를 말합니다. 이 삼매는 가만히 앉아 좌선을 해야 얻을 수 있지만, 일상생활 속 몰입을 통해서도 얻을 수 있습니다. 몰입을 이끌어내기 위해 마음을 모으는 방법도 요가라고 하지요. 몰입 상태도 요가요, 몰입으로 들어가는 기술도 요가랍니다. "무엇을 하느냐가 문제가 아니라, 어떻게 하느냐가 문제"Radhakrishnan, *The Bhagavadgita*, p.109에서 재인용니까요.

4) 가르침(삶의 길 = 수행)

이 불멸의 요가를

내가 위와스와트(태양신 수리야)에게 설했고,

위와스와트는 마누(인간의 조상)에게

마누는 익슈와쿠²에게 전했느니라.

이렇게 자자손손 이어 온 요가를

왕족 성자들은 알았느니라.

(그러나) 길고 긴 시간이 흐르자 적을 괴롭히는 이여,

이 요가는 세상에서 사라졌다.4. 1~2

　여기서 요가는 해탈로 가는 삶의 길(수행), 즉 가르침을
의미합니다. 인도가 이어 온 가르침의 전통이 무척 오래되
었다고 『기타』는 암시하지요. 불교와 자이나교에서도 과거
부터 전해 오던 가르침의 전통을 증언합니다.³
　『기타』에서 제시하는 가르침은 세 가지입니다. 지혜의
요가, 행위의 요가, 그리고 신애(헌신)의 요가지요. 각각의 가
르침을 그저 '요가'라고 지칭하기도 합니다.

---

2 태양계 왕가의 시조. 라마도 이 왕가 태생이다. 이에 비해, 크리슈나는 태음계 왕가
에 뿌리를 둔 야다와족이다.
3 이 전통을 브라만 사제가 아니라, 왕족(크샤트리야) 성자에게서 찾는 것이 재미있다
(여러 경전에서 크샤트리야 고유의 수행 전통을 언급한다). 아르주나가 왕족이기 때문에,
크샤트리야에게 전해지던 가르침을 언급하는 것일까? 아니면 오랜 세월 내려온 가
르침이 브라만 계급에 속하지 않는다는 것을 암시하는 것일까? 우파니샤드에서 가
르침을 주는 스승 가운데에는, 왕(왕족)이 적지 않다는 것은 짚어 둔다. 또한 불교와
자이나교를 열성적으로 수용한 것이 크샤트리야라는 것도 지적하고 싶다.

진정한 내려놓음은 큰 완력을 지닌 이여,

(행위의) 요가 없이는 얻기 어렵도다.5. 6

두 전통

이미 우리는 인도의 두 전통에 대해 알아보았습니다. 출가자 중심의 사문 전통과 재가자 중심의 브라만 전통이 라이벌 관계였다는 것을요.『바가와드 기타』는 이 두 전통을 통합합니다.

이 세상에 있는 두 가지 삶의 길을

이미 오래전에 나는 제시했노라, 흠이 없는 이여!

사색적인 이들을 위해 지혜(즈냐나)의 요가를,

실천적인 이들을 위해 행위(카르마)의 요가를.3. 3

지혜의 요가는 사문 전통의 수행을, 행위의 요가는 브라만 전통의 수행을 말합니다.『마하바라타』도 두 가지 삶의 방식을 언급하는데, 하나는 내버림의 길이고 다른 하나는 능동적인 길입니다. 지혜의 요가가 세속적 욕망을 내버리는 길이라면, 행위의 요가는 능동적인 행동의 길이라고 할 수 있지요.

1) 지혜의 요가 : 사색적인 사람을 위한 수행법

사색은 명상 혹은 성찰을 의미합니다. 지혜의 요가는 자신의 내면으로 들어가 해탈의 길을 찾는 방법을 말하지요. 내향성을 의미하기도 합니다. 전통적으로는 사문 전통의 출가 수행을 뜻했답니다. 물론 출가하지 않고도 명상은 할 수 있지만, 생계를 돌보며 수행에 전념하기가 쉽지는 않으니까요. 수행자는 소유와 거처 없이 탁발에 의지하여 명상에 전념해야 합니다. 다음의 시구에서 요가는 직접적으로 명상을 가리킵니다.

> 외딴 곳을 찾고 가볍게 먹으며
> 말과 몸과 마음을 제어하고
> 항상 선정의 요가에 몰두하여
> 애욕을 벗어나는 데 매달리는 자18.52

『기타』에는 수행자를 위한 지침이 들어 있습니다. 조용한 곳에 홀로 머물며, 소식해야 한다는 것이지요. 이는 소유와 욕망을 떠나야 진정한 수행자라는 뜻입니다. 또한 명상할 때는 (관절에 무리를 주지 않기 위해) 털가죽과 옷을 접어 깔아, 무릎보다 엉덩이를 높이라는 실용적인 지시도 내립니다. 그리고 수행의 목표로서, 마음을 비롯한 여섯 감각기관을 잠잠하게 만들어 삼매(요가)를 얻는 것을 제시합니다.

요가 수행자는 항상 한적한 곳에 거하며

마음과 자신을 제어하고

바라는 것 없이 가진 것 없이

홀로 자신을 명상에 들게 할지어다.

정결한 곳에 자신을 위해

길상초[4], 사슴 가죽, 그리고 천을 덮어

너무 높지도 낮지도 않게

고정된 자리를 마련해야 한다.

그 자리에서 마음을 하나로 모아

생각과 감각기관의 활동을 다스리고

---

4 제사에 쓰이는 성스러운 풀 쿠샤. 다르바라고도 한다. 주로 성물 밑에 깐다.

자신을 정화하기 위해

요가를 위해 집중할지어다.6. 10~12

2) 행위의 요가 : 실천적인 사람을 위한 수행법

전통적으로 실천은 제사(제식 행위)를 의미합니다. 자신에게
주어진 의무로서 제사를 행하는 것을 말하지요. 브라만 전
통에서 제사는 아침저녁(동틀 녘과 해 질 녘)으로 매일 행해야
하는 의무였습니다. 가정을 돌보는 가장의 의무를 다한다는
뜻으로 실천을 이해해도 됩니다. 후대에는 제식 행위뿐만
아니라 일반적 행위까지 의미가 확장되었지요. 행위의 요가
는 외향적이고 활동적인 사람을 위한 가르침입니다. 생계
활동에 매인 생활인 모두를 위한 것이기도 하지요. 이 요가
는 다음 장에서 본격적으로 다루겠습니다.

낮은 지혜와 높은 지혜

인도에서는 낮은 지혜(aparā vidyā)와 높은 지혜(parā vidyā)를
구별합니다. 낮은 지혜는 머리로 기억하는 지식이고, 높은
지혜는 몸으로 행하는 '깨어 있음'의 길입니다. 공부로 얻을
수 있는 지식과 학문 전체가 낮은 지혜에 속하지요. 높은 지

혜는 '나'에 대한 앎입니다. 명상을 비롯한 수행과 통찰을 통해 얻을 수 있고요. 이것이 진정한 지혜입니다. 『기타』처럼 해탈로 안내하는 가르침을 담고 있더라도, 이론적인 지식은 모두 낮은 지혜에 속합니다. 『기타』에서 말하는 지혜(즈냐나)는 물론 높은 지혜를 말하지요. 진정한 자유로 이끄는 참된 지혜입니다.

> 시작이 없고 (물질적) 요소가 없기 때문에
>
> 이 지고의 아트만은 불멸이니라.
>
> 몸에 머문다고 해도, 쿤티의 아들아
>
> 행하지 않고 물들지도 않는다.

> 허공은 어디에나 있지만
>
> 미세해서 더럽혀지지 않듯이
>
> 모든 몸에 자리 잡은 아트만은
>
> 더럽혀지지 않는다. 13. 31~32

앞서 아트만을 영혼이라고 뭉뚱그렸지만, 아트만이 정확히 개별적 영혼은 아닙니다. 시작(원인)이 없고 요소(물질적 성질)가 없는, 존재의 토대가 아트만이니까요. 인식의 대상조차 될 수 없다고 합니다. 『반야심경』에서 공을 표현하는 "불생불멸(不生不滅) 불구부정(不垢不淨)"(생겨나지도 사라지지도 않고, 더럽지도 깨끗하지도 않다)이라는 구절을 아트만에도 적용할 수 있습니다. 베단타 철학에서는, 자기 자신(아트만)에 대한 앎만이 진정한 지혜라고 규정합니다.

> 아트만에 대한 지혜에 항상 머무는 것
>
> 참된 지혜의 목표(해탈)를 직시하는 것
>
> 이것을 (참된) 지혜라고 하며,
>
> 이와 다른 것은 지혜가 아니니라.13.11

또한 지혜는 깨달음 자체를 뜻하기도 하지만 지혜를 닦아 깨달음에 이르는 길, 즉 지혜의 요가를 가리키기도 합니다. 그러다 보니, 지혜(깨달음)가 최상이라는 말을 지혜의 요가가 최고라는 의미로 오해하기도 합니다.

지혜(즈냐나)의 요가

지혜의 요가는 사문 전통에서 이어 온 출가수행을 말합니다. 궁극적으로는 명상이지요. 사문들은 참다운 지혜가 오직 명상을 통해서만 얻어진다고 믿었습니다. 브라만 전통에서 명상을 받아들이면서, '내면의 제사'라는 개념이 생겨납니다. 브라만교는 제사가 핵심인 공희(供犠) 종교[5]거든요. 그래서 내면에서 지내는 제사로서 명상을 받아들였습니다. "청각 등 감각기관을 (제물로 삼아) 절제라는 제화(祭火)에 바친다"4. 26라는 『기타』의 구절은, 감각기관을 제어하는 명상을, 불에 제물을 바치는 제사로 표현하고 있습니다.

네 단계의 아슈라마를 거치지 않는 사문 전통의 출가를, 의무를 방기하는 반사회적인 것으로 비판하기도 합니다. 이는 진정한 앎이 '나(개아)'를 벗어나는 것임을 간과하고 있습니다. 나와 우리와 모두가 하나로 연결되어 있다는 것을 아는 것이 깨달음인데요.

> 요가로 자신을 제어하는 자는
>
> 온 존재에서 자신을 보며,
>
> 자신 안에서 온 존재를 보느니라.
>
> 그는 어디서나 동일함을 본다.6. 29

---

5 희생 제물을 바치는 종교.

세상 모든 존재 속에는 아트만이 있다고 합니다. 해탈이 란, 내 실체인 아트만이 다른 모든 존재에도 있다는 것을 깨 닫는 것이 아닐까요? 나와 우주(브라흐만)가 하나라는 것을 요. 우리는 하나로 연결되어 있기 때문에, 단 한 사람의 각성 이라도 전체에 큰 영향을 미칩니다. 붓다만 봐도 알 수 있지 요. 그래서 이미 깨달은 사람과 깨달음을 구하는 사람 모두 자신과 타인을 구별하지 않고 세상에 봉사합니다. 『바가와 드 기타』에도 지혜와 봉사의 결합을 암시하는 구절이 있답 니다.

몸을 굽히는 것으로써, 질문을 하는 것으로써,

또한 섬기는 것으로써 이것(지혜의 완성)을 알아내라.

진리를 보는 자들이 그대에게

지혜를 보여 주리라.4. 34

스승뿐만 아니라 세상을 섬기는 것도 지혜입니다. 깨달 음을 얻기 위해 잠시 세상에서 물러나야 할 때도 있지만, 깨 달음을 얻기 위해 세상에 봉사해야 할 때도 있지요. 깨닫기 전에는 깨달음을 얻기 위해(자의식을 낮추기 위해), 깨달은 후 에는 모두가 하나라는 깨달음 때문에 세상을 위해 헌신하게 됩니다. 필연적으로 지혜는 행위의 요가와 연결될 수밖에 없습니다.

지혜의 핵심

명상의 기본은 감각기관을 제어하는 것입니다. 외부세계로 난 문인 감각기관을 닫아야, 내면으로 들어갈 수 있기 때문이지요. 몸 바깥에서 오는 자극(보이는 것, 소리, 냄새, 맛, 촉감)을 받아들이는 오감(시각, 청각, 후각, 미각, 촉각)뿐만 아니라, 몸속의 생각·느낌(감정) 등을 감지하는 마음도 감각기관입니다. 이 여섯 가지 감각기관을 제어해야 삼매(집중 상태)에 오를 수 있지요.

1) 감각기관의 제어

(감각적) 접촉에서 생기는 쾌락이

바로 고통을 낳는 자궁이다.

현명한 자는 시작과 끝이 있는 그 (쾌락) 속에서

즐기지 않는다, 쿤티의 아들아.5. 22

눈을 뗄 수 없는 영화, 감미로운 재즈 음악, 머리가 시원해지는 사이프러스 향, 달달한 딸기 케이크, 극세사 이불의 보드라운 감촉……. 즐거움을 주는 감각을 찾아, 우리는 감각대상 속을 헤매 다닙니다. 이것저것 해보고 써보고 느껴 보면서, 날마다 쓰레기를 만들어 내지요. 하지만 감각적 쾌락을 추구하는 것은 바닷물을 마시는 것과 같습니다. 마시면 마실수록 목이 마르니까요. 더 큰 쾌락이 아니면 만족할 수 없게 됩니다. 쾌락을 누릴 수 있는 순간은 잠시이고, 나머지 시간은 불만족으로 채워지지요. 역설적으로 쾌락이 도리어 고통을 불러옵니다. 에피쿠로스가 말했듯이, 쾌락을 갈망하는 욕망이 커질수록 행복은 작아지니까요.

쿤티의 아들아, 통찰력 있는 자가

아무리 애를 써도

(우리를) 휘저어 대는 감각은

억지로 마음을 빼앗아 가느니라.2. 60

헤매 다니는 감각기관들을

마음이 따라가면

바람이 물 위의 배를 앗아 가듯

지혜를 앗아 버린다.2.67

　　감각적 쾌락으로부터 자유로워지고 싶어도, 오감을 자극하는 감각대상은 우리를 잠시도 내버려 두지 않습니다. 조용히 눈 감고 앉아 있어도, 소리와 냄새 따위가 쉼 없이 주의를 빼앗지요. 고요한 산사에서 명상을 하면, 이러한 자극으로부터 자유로울 수 있을까요? 몸은 산중에 있어도, 마음은 저잣거리를 활보할 수 있습니다. 끊임없이 마음은 생각과 느낌을 떠올리니까요. 과거나 미래를 기억하고 기대하며, 생각을 곱씹고 감정을 다시 경험합니다. 마음과 다섯 감각은 한시도 쉬지 않고 우리를 휘저어 댑니다. 원숭이가 이 가지에서 저 가지로 휙휙 건너뛰는 것처럼, 우리도 이 생각(또는 느낌)에서 저 생각으로 순식간에 건너뜁니다. 자극·생각·느낌(감정)은 눈 깜짝할 사이에 마음을 휩쓸어 간답니다.

　　거북이가 사방에서

　　사지를 (등 속으로) 거두어들이듯

　　감각기관을 대상으로부터

　　거두어들이는 자의 지혜는 확고하도다.2.58

그러므로 큰 완력을 지닌 이여,

사방의 감각대상으로부터

감각기관을 거두어들인 자,

그런 자의 지혜는 확고하도다.2. 68

너무나 쉽게 감각에 정신이 팔리기 때문에, 명상에는 '기술'이 필요합니다. 거북이가 팔다리를 움츠려 등껍질 속으로 넣듯, 우선은 감각기관들을 거두어들여야 하지요. 귀는 막고 눈이야 감으면 된다지만, 다른 감각들은 어떻게 거두냐고요? 물론 떠오르고 느껴지는 것을 마음대로 차단할 수는 없습니다. 그래서 제어해야 한다고 하지요. 불교 계율은 승려가 눈을 어디에 두어야 하는지에도 시시콜콜 간섭합니다. 수레 길이 두 배 정도의 거리 앞쪽 바닥에 시선을 두어야 한다고요. 눈을 두리번거리면 여러 시각 자극을 받아들이게 되니까요. 마찬가지로 다른 감각들에도 고삐를 매어 두어야 합니다. 내버려 두면 고삐 풀린 망아지처럼 사방으로 달려나가, 이것저것 감각대상을 따라다니며 위에 탄 마음을 이리저리 끌고 다니니까요(사실 감각도 지향성이 있답니다).

인도에서 오랜만에 귀국하여, 책을 사려고 강남대로에

갔었습니다. 휘황찬란한 강남스타일에 홀린 감각들이 미쳐 날뛰는 데에는 몇 초 걸리지 않았지요. 대로변에 설치된 번쩍이는 디지털 기기, 입욕제 향기를 날리며 부글부글 끓어오르는 거품, 비트 빠른 음악이 꽝꽝 울리는 옷 가게……. 사방팔방으로 달려 나가는 감각들을 잡으려면, 꽤 단단한 고삐가 필요합니다. 당연히 강남대로보다는 산중에 자극적인 감각대상이 적겠지요. 하지만 아무리 감각기관을 제어하고 내면으로 침잠한다고 해도, 계속 마음속에 감각대상이 떠오르는 것은 막아 내기 힘듭니다. 특히 신체의 요구일 때는 더욱 그렇지요. 그래서 경전도 목마르면 물 마시고, 배고프면 밥 먹고 나서 수행하라고 합니다. 몸의 요구가 충족되지 않으면, 사람은 동물의 수준으로 떨어지거든요. 차분히 몸과 마음을 정돈하여 방해받을 여지를 미리 없애는 것도 명상의 기술입니다.

2) 욕망의 끝에 있는 것

(감각의) 대상을 생각하다 보면
사람에게는 집착이 일어난다.
집착으로부터 욕망이 생기고

욕망으로부터 분노가 자란다.

분노로부터 어리석음이 일어나고

어리석음으로부터 기억의 혼란이 일어난다.

기억의 혼란 때문에 지성의 상실이 오고

지성이 상실되면 파멸이 오느니라. 2. 62~63

감각대상이 호랑이처럼 일상을 포위하고 있어도, 제정
신만 차리고 있으면 잡혀가지 않을 수 있을까요? 감각대상
을 계속 보다 보면, 갖고 싶기 마련입니다. 그 대상이 줄 만
족을 저도 모르게 상상하게 되니까요. 그래서 집착이 생깁
니다. 집착이 생기면 곧 욕망이 따라오고요. 사실상 집착과
욕망은 한 묶음입니다. 그런데 지금 당장 그 감각대상을 누
릴 수 없기 때문에 분노가 생깁니다. 화가 나면 분별력을 잃
어버리고, 그렇게 어리석어지면 판단의 준거가 되는 과거의
경험(기억)이 제 기능을 하지 못합니다. 웹서핑 중에 우연히
배너로 뜬 구두 광고를 보았다고 합시다. 서핑 때마다 같은
광고를 보다 보니, 왠지 구두에 마음이 쓰입니다. 며칠 뒤에
있을 동창회도 생각나고요. 하루 이틀 계속 보다 보면, '보기
만 할 거야'라는 생각으로 스토어를 클릭하게 됩니다. 거기

에서 우연히 내 취향인 상품을 발견하면, 이 생각은 순식간에 '사고 말 거야'로 바뀝니다. 그런데 한정판이라서 벌써 품절이네요. 짜증이 솟구칩니다. 마음에 꼭 드는 것은 아니었던 구두가 이제는 워너비가 됩니다. 맹목적으로 그것을 갖고 싶어지지요. 비슷한 구두가 신발장에 고이 모셔져 있다는 사실은 잊은 지 오래입니다. 미친 검색으로 같은 상품이 인천의 한 매장에 딱 한 켤레 남았다는 사실을 알아냅니다. 할인가라서 반품은 안 받는다네요. 치수가 맞는지 신어 봐야 합니다. 영하 10도를 밑도는 강추위를 무릅쓰고 지하철을 타지요. 산 넘고 물 건너 매장에 찾아가서는, 허겁지겁 신어 봅니다. 값을 치르고 나니, 무척 행복합니다. 드디어 바라마지 않던 것을 손에 넣었으니까요. 하지만 집에 와서 신고 몇 걸음 걸어 보니, 새 구두의 발볼이 살짝 좁습니다. '어떻게 구한 건데!'라는 억울함에 그냥 동창회에 신고 나갔다가, 발이 너덜너덜해집니다. 지성을 잃은 것은 자신인데, 죄 없는 발만 파멸을 맞고 말았네요. 감기에라도 걸려 앓아누워야 진정한 파멸일까요?

『기타』를 비롯한 인도 경전에서는, 욕망을 사탄 취급하는 것 같습니다. 만악의 근원으로 늘 욕망과 집착을 지목하니까요. 정말 욕망이 파멸의 근원일까요? 하지만 인간이 어떻게 욕망을 품지 않을 수 있을까요? 수행 관련 경전만 보면 오해하기 쉽지만, 인도에서는 욕망을 긍정합니다. 인생의 네 가지 목표 가운데, 육체적 쾌락(카마)도 버젓이 자리를 지키고 있지요. 수행을 위해 절제하라는 것이지, 인간의 본능을 거슬러 욕망을 거세하라고 강권하는 것이 아닙니다. 힌두법을 기술한『마누법전』에서는, "욕망을 전부 버리는 것 또한 칭찬할 만한 일이 아니다"『마누법전』 2.2라고 못 박습니다. 해탈을 추구하는 것도 욕망이니까요. 욕망을 제거하면, 인간은 행동의 동기와 추동력을 잃어버립니다. 도덕적이기 위해 욕망을 없애 버리면, 도덕적인 행동을 할 힘을 잃어버리는 셈이지요. 욕망이라는 전차를 끝까지 몰아가면 파멸의 벽에 부딪히지만, 아예 구르지 않게 하면 아무 데도 갈 수 없습니다.

3) 감각대상으로부터의 자유

> 마음이 확실하게 제어되어
>
> 오로지 아트만에 고정되어 있는 자
>
> 모든 욕망으로부터 오는 갈망이 사라진 자를
>
> '제어된 자'라고 한다.6. 18

어떤 상태가 마음이 제어된 것일까요?『기타』에서 말하는 완벽한 제어 상태는 삼매를 말합니다. 오로지 내적 자아(아트만)에 정신이 집중된 상태지요. 이 상태에서는 감각의 쾌락을 추구하는 욕망이 일시적으로 멈춥니다.

> 지성을 굳게 잡고 (그것으로)
>
> 천천히 시나브로 마음을 멈춘다.
>
> 마음을 아트만에 머물게 한 뒤
>
> 아무것도 생각하지 말아야 한다. 6. 25

앞서 오감이 밖으로 나가 감각대상들을 따라다니는 것처럼 설명했지만, 사실 감각기관이 감각대상과 접촉하는 곳은 몸 밖이 아닙니다. 감각대상에서 오는 자극을, 감각기관이 받아들이는 곳은 몸 안이지요. 빛을 내는 것은 램프지만, 눈을 통해 그 빛을 인지하는 것은 시각기관(시신경과 뇌 등)입니다. 이러한 감각 자극뿐만 아니라, 생각과 느낌 등을 받아들이는 기능을 우리는 마음이라고 뭉뚱그리지요. 마음은 빈방 같아서, 자극·생각·느낌(감정) 등이 끊임없이 찾아와 머물다가 사라집니다. 인내심 있게 지성이 문지기처럼 마음을 지키고 있으면, 자극·생각·느낌(감정) 따위가 함부로 마음에 들어오지 못합니다. (들어오더라도 금세 쫓겨나고요.) 마침내 들어온 것이 하나도 없으면, 마음은 텅 빈 채로 정지합니다. 찾아오는 손님이 없으니, 차를 낼 필요가 없는 것과 같습니다. 『요가 수트라』는 마음의 작용을 멈추는 것이 요가라고 선언합니다.[6]

삼매에서는 마음의 작용이 멈춥니다. 다시 말해 삼매에 들지 않은 상태에서 마음은, 찾아오는 자극·생각·느낌(감정) 때문에 바쁘게 움직인다는 뜻이지요. 정신을 집중하여 삼매에 들지 않으면, 감각적 쾌락의 유혹에서 벗어날 수 없을까요? 먹지도 자지도 않고 좌선만 할 수는 없는 노릇인데요. 우리는 스스로를 지켜보고 알아차리는 것으로, 쾌락의 늪에 빠지지 않을 수 있습니다. 내가 무엇을 하고 있는지 잘 관찰하고 있으면, 늪에 들어서자마자 발을 뺄 수 있으니까요. 자신을 지켜보는 것이 바로 지성의 역할입니다. 쾌락을 찾아 이리저리 싸돌아다니는 '나'를 잡아 두지요. 손가락으로 책상을 두드리는 무의식적인 습관은 그것을 알아차릴 때만 멈출 수 있습니다. 알아차리는 힘이 강하다면, 손가락

6 "요가는 마음의 움직임(작용)을 멈추는(억제하는) 것이다"(『요가 수트라』, 1. 2).

은 두 번 다시 무의식적으로 움직이지 않을 것입니다. 알아차림이 끊어지지 않아, 마음이 방황을 멈춘 상태 역시 삼매입니다. 이렇게 알아차림의 힘으로 삼매에 드는 방법을 통찰(위파사나) 명상이라고 합니다. 한편 정신을 집중하여 삼매에 드는 방법은 고요(사마타) 명상이라고 하고요. 통찰 명상은 불교 고유의 수행법이고, 고요 명상은 불교와 힌두를 비롯한 여러 종교의 수행법입니다. 『기타』에서는 고요 명상만을 지고의 경지(삼매)에 오르는 방법으로서 언급합니다. 그렇다면 삼매에 들지 않는 일상 속에서 무엇을 해야 하는지는, 『기타』가 말하지 않았을까요?

4) 지고의 경지

> 몸의 주인(아트만)이 음식을 먹지 않으면
> 감각대상은 사라지지만 맛은 남는다.
> 지고의 것을 보아야
> 그 맛마저 사라지나니.2. 59

감각 자극을 열심히 피하고 알아차리면, 저절로 욕망이 사라질까요? 밥을 먹지 않을 때는, 음식이라는 감각대상이 당연히 없습니다. 그렇지만 기억 속에는 맛이 저장되어 있지요. 감각대상을 피한다고 해서, 욕망이 사라지지는 않습니다. 라면이 눈앞에 없다고 해서, 라면의 맛과 그것을 먹고 싶다는 욕망이 없어지지는 않으니까요. 결국 욕망을 뿌리째 들어내기 전에는, 제어만으로 감각기관을 완전히 정복할수는 없다는 뜻입니다. 그렇다면 우리는 야생마 같은 감각기관에 질질 끌려다니는 신세를 평생 감내해야 할까요? 『기타』는 '지고의 것'에 대해서 말합니다. 그것을 보아야만, 감각대상에 대한 욕망이 뚝 떨어진다고요. 그 지고의 것이란 대체 무엇일까요?

지성으로 파악되는,

감각을 초월한 한없는 즐거움을 알게 되는 곳(경지)

그곳에 굳게 서면

진리에서 벗어나지 않게 되는 곳

그것(경지)을 얻고 나면

더 나은 것을 얻을 수는 없다고 여겨질 때

그것에 머물면

아무리 극심한 고통에도 흔들리지 않을 때

고통의 족쇄를 풀어 주는 그것(경지)을

요가라고 이름한다는 것을 알지어다.

단단히 다스려 낙담하지 않는 마음으로

결연하게 요가를 수행해야 하느니라. 6. 21~23

인도 사람은 지고의 것이 바로 신(아트만 혹은 브라흐만)이라고 생각합니다. 그래서 이 경지를 신 또는 우주와의 합일로 설명하지요.[7] 하지만 신 없는 사문 전통에서, 그것은 명상 중에 맛볼 수 있는 지극한 희열이라고 봐야 합니다. 삼매에 들면 지복이라고 할 수 있는 환한 희열이 흘러나옵니다. 그 희열은 섬광처럼 강렬해서 몸이 사라진 것처럼 느껴지지요.[8] 감전된 것처럼 전신을 관통하는 아찔한 경험입니다.[9]

마음이 고요해지고

격동이 평정되어

---

7 기원후 8~9세기 무렵 활동했던 베단타 철학자 샹카라(Śaṃkara)는 삼매를 '아트만에 머무는 것'으로, 11세기에 활동했던 라마누자(Rāmānūja)는 '아트만을 관조하는 것'으로 설명한다.

8 약 5세기경 붓다고사(Buddhaghoṣa)가 쓴 논문 『청정도론』(淸淨道論, 위슷디막가)에 따르면, 희열이 나타나는 양상은 꽤 다양하다고 한다.

9 명상(선정)의 단계가 더 높아지면, 희열은 더이상 흘러나오지 않는다.

브라흐만이 된 흠 없는 요가 수행자에게는

최상의 행복이 찾아든다.

이처럼 항상 자신을 다스려

더러움이 사라진 요가 수행자는

브라흐만을 접하여

한없는 행복을 쉽게 누린다.6. 27-28

삼매에서 신(브라흐만)과 하나가 된 수행자는 형용할 수 없는 희열을 느낍니다. 이런 체험을 하고 나면, 오감의 충족에서 오는 쾌락이 하찮아집니다. 그래서 일상 속에서도 감각의 쾌락을 추구하려는 욕망이 덜해집니다. 희열의 강렬한 첫인상만으로도 다른 감각들은 일상에서 한발 물러나니까요. 하지만 쾌락을 추구하는 욕망은 잠시 숨을 죽일 뿐이지요. 그래서 우리는 일상의 기술을 닦아야 합니다. 『기타』는 일상의 명상에 대해 언급하지 않는데, 그런 기술을 어디서 배우냐고요? 그 기술은 행위의 요가에서 다루겠습니다.

5) 지혜의 적

> 감각기관이 상대하는 감각대상에
>
> 탐욕과 미움이 자리 잡고 있다.
>
> 이 둘의 지배에 들지 말라.
>
> 이 둘이 사람의 길을 막아서기 때문이다. 3. 34

감각대상과 접촉하면 좋다/싫다라는 판단이 자동적으로 생깁니다. 좋은 것은 갖고 싶어지고(탐욕), 싫은 것은 피하게 되지요(미움). 머스크향을 좋아하는 사람은 그 향이 든 향수를 쓰는 사람에게 이끌리고, 싫어하는 사람은 불쾌감을 느낍니다. 객관적인 평가보다 호불호 판단이 앞서지요. 그래서 사람은 늘 좋음(탐욕)과 싫음(미움)에 휘둘립니다. 휘둘리지 않기 위해, 혹은 사회적 비난 때문에 감각적 쾌락을 자제하려고 애써도 마음속에서 끊임없이 떠올리고 상상합니다. 감각적 쾌락을 겉으로만 억제하는 것이 아니라, 마음에서 절제해야 진정한 제어지요. 더 나아가, 좋아하는 것을 손에 넣으려는 욕망은 만족을 모르기 때문에, 땔감(감각대상)을 삼키면 삼킬수록 맹렬해지는 불길처럼 커져만 갑니다. 감각의 대상에 휘둘리지 않을 때 생겨나는 지혜는 마땅히 욕망과 함께할 수 없지요.

행위기관들을 제어하면서도

마음으로는 여전히

감각대상을 떠올리는 자를

자신을 속이는 위선자라고 일컫나니.3. 6

욕망의 모습을 지닌

만족을 모르는 불

쿤티의 아들아, 지혜로운 자의 이 영원한 적이

지혜를 가리느니라.3. 39

6) 평정과 지성

그 무엇에도 애착이 없으며

좋은 것이든 나쁜 것이든 뭔가를 얻을 때마다

기뻐하거나 싫어하지 않는 자

그의 지혜는 굳건하나니.2. 57

애착과 미움에서 벗어나

자신의 통제 아래 둔 감각기관들로

감각대상들 사이를 누비는 자는

평정에 이르리니. 2.64

　어떤 대상의 좋고 나쁨을 구별하지 않는 것은, 그 대상을 갖고자 하는 애착이나 피하고자 하는 미움(혐오)이 없다는 뜻입니다. 그러니 세상을 가득 채운 감각대상 사이를 누벼도, 감각기관들이 좋다고 또는 싫다고 날뛰지 않습니다. 좋고 나쁨이 없기 때문에 욕망이 생기지 않고, 욕망이 없기 때문에 그것을 충족하지 못해서 생기는 고통도 없지요. 욕망에 치우치지 않는 평정은 이렇게 얻어집니다. 그리고 평정한 마음 위에 지성(붓디, 올바른 이해)이 바로 서지요. 종교에서 믿음이 아니라 지성을 우위에 두는 것은 인도만의 고유함입니다.

감각기관이 높다고들 하지만,

감각기관보다 높은 것이 의근(意根, 마나스)이로다.

하지만 의근보다 지성이 더 높고,

지성보다 그(아트만)가 더 높도다. 3.42

지성은 내면 기관 가운데 하나입니다. '나'라는 자의식 없이 작동하는 올바른 이해 혹은 알아차림을 기능으로 갖고 있지요. 나라는 관점에서 벗어나 상황을 조망하는 힘이라고 볼 수도 있습니다. 같은 감각기관이라도 생각과 느낌(감정)을 감지하는 마음(의근)이 감각기관보다 우월하고, 마음(의근)보다는 지성이 더 우월합니다. 그리고 이러한 내면 기관(의근, 지성)의 배후에 아트만이 있지요. 오감보다는 마음(의근)을 따르는 의식이 높고, 마음(의근)보다는 지성을 따르는 의식이 수준 높다는 의미입니다. 의식 수준을 높일 때마다 우리는 더욱 자유로워집니다. 감각기관의 쾌락보다 마음의 성찰을 따라다닐 때, 마음보다 지성을 따를 때 욕망에 덜 매이지요. 그리고 진정한 자유는 내면의 빛인 아트만에 도달해야 얻을 수 있습니다.

　　평정할 때 모든 고통이 소멸하고
　　이렇게 평정한 마음을
　　지닌 자에게는
　　곧 지성이 확립된다.

　　제어되지 않은 자에게는 지성이 없고

제어되지 않은 자에게는 성찰이 없으며,

성찰이 없는 자에게는 평온이 없는데

평온이 없는 자에게 어찌 행복이 있겠는가.2. 65~66

감각기관을 제어하며 삼매에 들지 않으면, 아트만을 대상으로 하는 지성은 생기지 않습니다. 그러니 지성이 뒷받침하는 성찰(bhāvana)[10]은 나올 수가 없지요. 또한 성찰이 없으면, 감각대상에 대한 욕망이 잠잠해지지 않습니다. 욕망이 날뛰는데 평온해질 리도 없고요. 결국 감각대상에 대한 욕망이 가라앉아야 행복해집니다.

(행위의 속박으로부터 벗어나게 해줄) 확고한 지성은

여기서 하나이지만,

쿠루의 기쁨아, 확고하지 않은 지성은

여러 갈래이며 끝이 없다.2. 41

'여기'는 해탈의 길을 말합니다. 확고한 지성 혹은 이해

---

10 라다크리슈난(Sarvepalli Radhakrishnan)은 'bhāvana'를 '집중력'으로 번역한다. 통찰 명상에는 '성찰', 고요 명상에는 '집중력'이라는 번역이 잘 어울린다.

는 올바른 인식을 통해 우리를 깨달음으로 인도하지요. 확고한 지성으로 올바르게 알면, 해탈로 나아갈 수 있다는 뜻입니다. 그러나 확고하지 않은 지성은 다양한 욕망을 이루기 위해 봉사하기 때문에, 욕망에 따라 갈래갈래 나누어져 있습니다. 감각기관이 제어되지 않으면, 지성도 삿되다는 뜻입니다. 감각기관이 흙탕물을 튀기며 날뛰는데, 물들지 않은 지성이 있을 리가 없지요.

밤에 깨어 있는 자

순수한 지성을 갖추고
굳게 자신을 억제하면서
소리 등 감각기관의 대상들을 버리고
좋아함과 싫어함을 떠난 이

외딴 곳을 찾고 가볍게 먹으며
말과 몸과 마음을 제어하고
항상 선정의 요가에 몰두하여
애욕을 벗어나는 데 매달리는 자

자의식, 힘, 오만, 욕망,

분노, 소유욕을 버리고

내 것이라는 생각 없이 평온한 이는

브라흐만이 되기에 적합하다. 18. 51~53

집을 나갈 수도 나가지 않을 수도 있지만, 지혜를 닦는 수행자라면 홀로 소식하며 명상에 집중해야 합니다. 잠이 많아도 안 되지요. 보고 듣고 맛보고 냄새 맡고 감촉을 느끼는 것에 대한 애착을 버려야, 좋고 싫음이 없어져 애욕에서 벗어날 수 있습니다. 내가 어떤 사람이라는 착각, 내가 뭔가를 갖고 있다는 착각 등에서 헤어나와야, 그런 착각에서 생기는 오만·욕망·분노 따위에서도 자유롭지요. 마음이 평온해지면 삼매에 올라, 브라흐만(아트만)에 도달할 수 있습니다. 브라흐만이 되는 것은 신 혹은 우주와 하나가 되는 것입니다. 우리 밖의 신이 아니라, 우리 안의 신성이 아트만이자 곧 브라흐만이지요. '나'(ego) 안의 진정한 '나'(Self)가 아트만이자 브라흐만이고, 이것이 진정한 지혜입니다. 우리는 신을 우리 밖에서 찾을 필요가 없습니다.

물이 바다로 흘러들어도

그득한 바다는 흔들리지도 않는 것처럼

온갖 욕망이 흘러들어도 (바다 같은 자는) 평온을 얻는다.

(하지만) 욕망을 따르는 자는 그렇지 못하느니라.

모든 욕망을 버리고

갈망 없이 행하는 사람

'내 것', ('나'라는) 자의식이 없는 사람은

평안에 이르리니. 2. 70~71

『기타』에서 행마다 강조하는 것은 욕망의 제어입니다. 물질 속에서 살면서도 소유의 유혹을 따르지 않는 것이지요. 수없는 강을 받아들여도 변함없는 바다처럼요. 욕망과 소유(내 것)를 포기하면, 평온이 따라옵니다. 그런데 자의식이 없다는 것은 뭘까요? 자의식은 세상 모든 것에 소유격을 붙이는 에고를 말합니다. '나의' 감정, '나의' 생각, '나의' 고통 등등. 몸과 마음에서 자연스럽게 일어나는 현상을 자신에게 귀속시켜 착각을 만들어 냅니다. 내가 그 현상을 내 마음대로 할 수 있다는 착각이지요. 자의식은 뇌가 분비하는 환상에 불과합니다.

온 존재의 밤에

절제하는 자는 깨어 있다.

존재들이 깨어 있을 때가

(실상을) 보는 수행자에게는 밤이니라.2. 69

무지라는 밤에 온 존재가 잠들었을 때에도, 감각을 제어하여 올바른 지성을 확립한 수행자는 성성하게 깨어 있습니다. 아침에 일어나면 평범한 사람은 자신이 깨어 있다고 착각하지만, 사실은 욕망에 끌려다니며 무지의 어둠을 더 짙게 만들 뿐이지요. 그런 존재에게 환한 지혜의 낮은 결코 오지 않습니다.

6장 _ 행위(카르마)의 요가

앞서 살펴본 것처럼, '카르마'라는 단어는 다양한 뜻을 지니고 있습니다. 그렇다면 카르마 요가는 무엇을 뜻할까요? 우선 '요가'가 '삶의 길'을 말하니까, '카르마를 따르는 삶의 길'이라고 해석할 수 있습니다. 보통 카르마를 '행위' 혹은 '의무'로 풀이하여, '행위의 요가', 또는 '의무의 요가'라고 번역합니다. 그러다 보니, 카르마가 행위이자 의무인 제사를 함의한다는 사실이 가려지지요. 행위의 요가가 브라만의 재가자 전통을 가리킨다는 사실이 숨어 버립니다. 행위(카르마)의 요가는 사문의 출가자 전통을 의미하는 지혜(즈냐냐)의 요가와 대척점에 있습니다.

제사, 가장기의 의무

네 개의 아슈라마 가운데, 제일 중요한 시기는 가장기입니다. 경제 활동을 통해 사회를 실질적으로 뒷받침하기 때문이지요. 학생에게 음식과 배움을 베푸는 것도, 숲생활기와 출가기의 수행자를 뒷바라지하는 것도 모두 가장의 역할입니다. 탁발에 의지하는 이를 먹여 살리는 것이 가장이니까요. 아슈라마를 지탱하는 중심축이 가장이라고 할 수 있습니다. 그래서 힌두 법전도 가장기의 중요성을 강조합니다.

> 온 생명이 공기에 의지해서 살아가듯
> 삶의 모든 주기에 있는 이는 가장기에 의지한다.『마누법전』, 3. 78

생계를 유지하는 일 이외에도 결혼하여 대를 잇고, 보시와 공부를 하고, 제사를 지내는 것이 가장에게 주어진 임무였습니다. 제사를 드리는 신성한 불은 가장기의 상징이나 마찬가지랍니다. 행위(카르마)의 요가는 제사라는 의무를 수행하는 가장의 길을 말합니다. 카르마는 제사와 사회적 의무, 보시, 그리고 생업이라는 행위를 모두 함축하고 있습니다. 루터가 말하는 '소명'과도 일견 비슷하지요.

베다의 세계관에 따르면, 가장기가 사회를 지탱하는 것처럼 제사는 우주를 지탱했습니다. "만유에 편재하는 브라흐만(물질, 자연)은 제사에 바탕을 두고"3. 15 있지요. 신성한 불에 태운 공양물 연기가 하늘로 올라가서 비가 되고, 그 비가 곡물을 자라게 한다는 원시적 사고부터 시작된 제식주의입니다.

생명을 지닌 것은 음식을 통해 존재하고

음식은 비 덕분에 자란다.

비는 제사로부터 생기며

제사는 행위로부터 생기나니.3. 14

그것(제사)으로서 신들을 부양하라.

신들이 그대들을 부양하리라.

서로서로 부양하면서

지고의 선에 도달하여라.3. 11

베다 시대 초기부터 내려온 이런 가르침은 우파니샤드의 시대에 무너집니다. 천상에 보내 주는 제사보다, 윤회에서 벗어나게 해주는 지혜가 훨씬 더 중요해졌기 때문입니다.

제식주의 비판

세 베다를 알고 소마¹를 마시는 자는 죄가 정화되어

제사를 지내 나를 숭배하면서 천국 가기를 바라나니.

그들은 공덕을 얻어 인드라(신들의 왕)의 세계에 가서

신성한 천상에서 신들의 즐거움을 누린다.

그들은 드넓은 천상계를 즐긴 다음

공덕이 다하면 (다시 죽어야 하는) 인간 세상으로 들어온다.

이처럼 세 베다의 가르침을 좇아

욕망을 추구하는 자들은 오고 감을 얻는다.9. 20-21

『바가와드 기타』는 그저 하늘나라에 가기 위해서 올리는 제사를 비판합니다. 천상에 가더라도 예금 잔고 같은 선업을 다 써 버리고 나면, 다시 지상으로 돌아와야 하니까요. 다시 말해, 제사로는 윤회를 벗어날 수 없습니다. 베다에 나오는 각종 (목적별로 고를 수 있는) 의례를 거행하는 것은, 부나

---

1 베다 시대에 제사에 올렸던, 환각성 식물의 즙.

권력이나 아들 따위를 얻기 위하여 신들과 거래를 하는 것
입니다.

베다의 말에 탐착해

프리타의 아들아,

그것 외에 다른 것은 없다고

주장하는 무지한 자가

욕망으로 자신을 채우고,

하늘에 이르는 것을 최고로 치며 화려하게 하는 말

행위의 결과로 환생을 초래하는 말

향락과 권력에 집착해

향락과 권력을 얻으려는 목적으로

온갖 특별한 의례를 행하게 만드는

그런 말에 마음을 빼앗긴 자에게

삼매에 대한 확고한 지성은 자리 잡지 않는다. 2. 42~44

　　진정한 지혜를 찾는 이에게 제사를 권하는 베다의 가르
침은 아무런 소용이 없습니다. 현세와 내세의 복을 짓는 제

사를 지내느라, 진정한 지혜를 얻는 수단인 명상(삼매)에는 오히려 소홀해질 뿐이니까요. 그래서 『기타』는 제사를 중시하는 베다의 가르침이 지성을 오도할 수 있다고 경고합니다.

> 그대의 지성이
>
> 어리석음의 먼지 더미를 벗겨내면
>
> (베다에서) 들은 것과 듣게 될 것에 대해
>
> 무심하게 될 것이다.

> 베다 때문에 혼란해진
>
> 그대의 지성이
>
> 흔들림 없이 삼매에 굳건히 서면
>
> 그대는 요가를 얻으리라.2. 52-53

제사를 기반으로 하는 베다의 가르침은 한정적일 수밖에 없습니다. 『기타』는 이를 지적하면서, 대놓고 베다의 협소함을 비판합니다. 홍수가 났는데, 우물이 무슨 소용이냐고 하지요.

> 사방에 홍수가 났을 때

우물이 필요 없듯이

통찰력 있는 브라만에게는

모든 베다가 딱 그 정도뿐이로다.2. 46

무위 : 아무런 행위를 하지 않는다는 것

행위(카르마)를 하지 않음으로써

무위(無爲)를 얻는 것이 아니며,

행위를 포기함으로써만

완성(깨달음)에 이르는 것도 아니다.

인간은 결코 한순간도

행위(카르마)를 하지 않을 수 없기 때문이며,

누구나 물질적 본성에서 생긴 요소들에 의해

어쩔 수 없이 행위를 하게끔 되어 있기 때문이다.3. 4-5

위의 시, 두 수에서 카르마를 모두 '행위'로 번역했습니다. 하지만 첫번째 시의 카르마를 '제사'로 해석할 수도 있습니다. 제사를 거부하는 사문의 길만이 해탈로 통하지는 않는다는 중의적인 뜻이지요.

제사를 지내지 않는다고

무위를 얻는 것이 아니며,

제사를 포기한다고

완성(깨달음)에 이르는 것도 아니다. 3. 4

물질로 이루어진 몸을 유지하기 위해, 인간은 먹고 자는 등의 행위를 해야 합니다. 아무런 행위도 하지 않는다면, 곧 죽고 맙니다. 숨 쉬지 않으면, 당장 죽잖아요? 그런데도 우리가 무위를 얻는 것이 가능할까요? 무위(naiṣkarmya)는 아무런 행위도 하지 않는 무행위(akarman)가 아닙니다. 무위는 행위를 하면서도 행위로부터 자유로운 상태를 말하지요. 다시 말해, 행위로 업을 쌓지 않는 상태입니다. 행위를 한다는 것은 행위의 결실(업)을 거둔다는 뜻입니다. 업의 작동 원리가 바로 행한 대로 되받는 것이니까요. 그러니 무위에 도달하지 못하면 계속 업을 쌓을 수밖에 없고, 필연적으로 윤회에 속박당하게 됩니다. 단순히 제사를 포기하는 것이 무위가 아니라면, 우리는 어떡해야 무위를 얻을 수 있을까요?

그대에게 주어진 행위를 하라.

행위가 무행위보다 낫기 때문이다.

행하지 않고는 육신을

부지하는 것조차 이루기 어렵도다.3. 8

행위의 결과에 기대지 않고 해야 할 일을 하는 자야말로

(진정으로) 내려놓은 자이며 요가를 하는 자이다.

제화(祭火)를 지니지 않거나

(제사를) 행하지 않는 자가 아니니라.6. 1

『기타』는 결과를 바라지 않고 행위하는 것이 바로 무위
라고 말합니다. 신성한 불(제화)을 지니든 지니지 않든 제사
를 지내든 지내지 않든, 욕망으로부터 자유로워야 진정으로
행위를 포기한 셈입니다. 제사를 지내면서도 제사의 공덕을
바라지 않고 그저 의무로 행한다면, 그 사람은 선업(카르마)
의 속박으로부터 자유롭습니다. 업은 좋은 것이든 나쁜 것
이든 우리를 윤회의 굴레에 잡아 둡니다.

몸을 지닌 자가 행위를

남김없이 내려놓는 것은 불가능하다.

그러나 행위의 결실을 내려놓은 자,

그 자를 (진정) '내려놓은 자'라고 일컫는다.18. 11

(결과를 바라는) 행위는 지성(지혜)의 요가보다

훨씬 열등하니 아르주나야,

지성에서 피난처를 구하라.

결과를 (행위의) 동기로 삼는 자들은 가련하도다.2. 49

결과를 바라고 하는 행위는 저열합니다. 선행이라도 좋은 평판을 바라고 행한다면, 돈 주고 물건을 사는 것과 다름없지요. 『기타』는 결실을 바라고 행동하지 말고, 지혜를 갖추라고 권합니다. 하지만 행위의 요가가 지혜의 요가보다 못하다는 말은 하고 있지 않습니다.

『바가와드 기타』는 왜 제사를 버리지 말라고 할까

부·명예·권력 같은 현세의 이익이나 천국·공덕 같은 내세의 이익을 얻기 위한 제사인데도, 『기타』는 제사를 버리지 말라고 강조합니다. 영원의 경지(브라흐만)에 이르려면, 제사를 지내야 한다고 말하면서요. 이 세상이 제사에 의해 유지된다는, 베다의 옛 사상을 그대로 이어받은 구절이 『기타』에 드문드문 보입니다.

제사 후 남은 불사의 음식을 먹는 자는

영원한 브라흐만에 이른다.

제사를 지내지 않는 자에게는 이 세상도 없으니,

어찌 저 세상이 있겠는가, 쿠루의 빼어난 후손아.4. 31

제사를 지내지 않으면 내생을 보장할 수 없다고 협박까지 하는 『기타』의 진의는 무엇일까요? 기원전 5세기 이후 사문 전통에 속한 불교와 자이나교가 나란히 융성하자, 브라만 전통은 위기를 맞았습니다. 심지어 브라만의 자제들도 앞다투어 출가했으니까요. 사문의 가르침에 따라 제사가 아닌 명상만이 중시된다면, 제사를 통해 권력과 이권을 누려온 브라만 계급은 몰락할 수밖에 없었습니다. 『기타』는 브라만 전통 위에서 사문 전통을 통합합니다. 저자들 역시 브라만 엘리트로 추정되고요. 그러니 『기타』는 제사를 버리지 말라고 이야기할 수밖에 없었습니다. 물론 욕망을 충족하기 위해 사제에게 제사를 구매하는 것이 권장할 만한 일은 아니었지만요.

지혜의 제사

적을 괴롭히는 이여,

물질의 제사보다 지혜의 제사가 월등하도다.

모든 행위는 빠짐없이 지혜에서 완성된다,

프리타의 아들아.4. 33

『기타』는 제사를 규정한 베다의 가르침을 부정하지 않습니다. 모든 가르침을 포용하지만, 근본적으로『기타』는 베다부터 내려온 브라만 전통을 바탕으로 삼기 때문입니다. 그러나『기타』는 쾌락을 얻고자 지내는 제사를 있는 그대로 긍정한 것이 아니라, '지혜의 제사'라는 개념으로 재해석합니다.

어떤 사람들은 청각을 비롯한 감각기관을

절제라는 불에 바치고,

다른 사람들은 소리 등의 감각대상을

감각기관이라는 불에 바친다.4. 26

제화(祭火)에 제물을 바치는 것만이 제사는 아니라면서,

『기타』는 다양한 제사법을 나열합니다. 그저 불에 제물을 바치는 것뿐만 아니라 공부, 명상, 고행 등등도 다 제사라고요. 감각기관을 제어하는 것을 제물로 삼아, 절제라는 신성한 불에 바치는 것도 제사입니다. 또한 오감(보이는 것, 소리, 냄새, 맛, 촉감)에 사로잡히지 않고, 그것을 감각기관에서 받아들이면서 태워 없애는(절제하는) 것도 『기타』는 제사로 봅니다. 감각기관뿐만 아니라, 숨 쉬는 행위를 제어하는 것도 제사고요(호흡을 제어하는 제식은 보편적인 수행법입니다).

어떤 사람들은
모든 감각기관의 행위와 호흡 행위를
지혜로 타오르는
절제라는 요가의 불에 바친다.4. 27

어떤 사람들은 들숨에 날숨을 바치고,
또 어떤 사람들은 날숨에 들숨을 바친다.
들숨과 날숨의 흐름을 억제하여
호흡 조절을 최고 목표로 삼는 사람도 있노라.4. 29

어떤 사람들은 재물을 제사에 바치고

또 어떤 사람들은 고행 또는 요가를 제사로 바치며,

엄격한 서약을 지키며 수행하는 자들은

베다 공부와 앎을 제사로 바친다.4. 28

희생제(제사)의 제물은 가치 있는 것을 뜻합니다. 돈(재물)을 나눠주는 일도, 고행이나 공부를 하는 것도 물론 가치 있는 일이지요. 가치 있는 모든 것이 제물이 됩니다. 그러므로 『기타』가 말하는 제사란, 가치 있는 행위를 말합니다. 베다에서 기술하는 제사, 즉 제화에 공물을 바치는 실제 제사는 『기타』에서 경시됩니다. 또한 욕심 없이 제사를 지내면 제사의 공덕이 없어지므로, 업을 쌓지 않는다고 합니다.

집착이 사라져 자유로워지고

지혜에 굳건히 선 마음을 지닌 자가

제사를 위해 하는 행위는

모두 녹아 없어진다. 4. 23

천국에 가려는 욕망 없이 제사를 지내면, 천국에 가는 선업을 얻지 않습니다. 하지만 결과를 얻고자 하는 동기가 없는데, 굳이 녹아 없어질 제사를 지내야 할까요? 앞서 말했듯이, 『기타』는 제식적 세계관을 지닌 베다를 인정합니다. 다시 말해, 우주의 수레바퀴는 "희생(제사)"으로 돌아간다는 세계관이 『기타』의 토대입니다. 거창하게 우주까지 들먹이지 않더라도, 브라만 전통을 떠받치는 경제적 기반은 제사입니다. 제사를 지내주고 사례를 받는 브라만 계급은 제사에 생계가 달렸지요. 계급 질서를 유지하는 데 경제적으로 제사가 꼭 필요했던 것입니다. 선업을 얻는 것도 아닌데 제사를 지내게 하려면, 의무를 지우는 것이 필수이고요. 힌두의 계급적·경제적 토대를 유지하기 위해 제사라는 사회적의무를 강조할 수밖에 없지요.

가장의 의무를 다하면서도 깨달음을 추구할 수 있는 행위의 요가는, 제사와 신분을 하찮게 여기는 사문 전통에 제동을 걸었습니다. 출가하지 않아도 깨달음에 이를 수 있는, 행함 없는 행함의 가르침으로요.

> (행위를) 내려놓음과 행위의 요가는
> 둘 다 위 없는 경지(해탈)에 이르게 한다.
> 하지만 이 둘 가운데
> 행위를 내려놓음보다는 행위의 요가가 낫도다.5. 2

라마누자에 따르면, "행위를 내려놓음"은 지혜의 요가, 즉 출가를 말합니다. 『기타』는 출가하는 것보다 집에 머무는 것이 낫다며 노골적으로 브라만 계급 편을 들지요. 심지어는 제사 빼놓고는 모든 행위가 업을 만든다고 단언합니다.

제사를 목적으로 하는 행위 말고는

이 세상 모두 행위로 묶여 있도다.

집착에서 벗어나 쿤티의 아들아,

제사를 목적으로 하는 행위를 하라.3. 9

『기타』가 사제계급을 대변하기는 하지만, 행위의 요가가 사회경제적인 목적만을 위한 것은 아닙니다. 종교의례(제사)를 수행이자 봉사로 거듭나게 한 것이 바로 행위의 요가니까요.

무위의 가르침

그대의 권한은 오직 행위에 있을 뿐

결과에 있지 않다.

행위의 결과를 동기로 삼지 말라.

(또한) 그대는 행위하지 않는 것에도 집착하지 말라.2. 47

　무슨 일이든 우리는 행위의 결과를 얻기 위해서 행합니다. 아무 결실도 없는데 굳이 뭔가를 힘들게 할 필요는 없으니까요. 좋은 결과를 얻으려는 욕심이 없다면, 행동을 취할 이유도 사라집니다. 그런데 『기타』는 결과를 바라지 말고 행하라고 합니다. 이기적인 욕망을 버리고 "항상 집착 없이 해야 할 일"3. 19(예를 들면 제사)을 하는 사람은 지고의 것을 얻는다고 하면서요. 욕심을 버리면 과보를 얻지 않기 때문에, 행위를 하더라도 업을 만들지 않는답니다.

　　행하는 모든 일이

　　욕망과 의도에서 벗어나

　　지혜의 불로 행위를 태워 버린 자를

　　지혜 있는 사람들은 배운 자라고 일컫는다.

　　행위의 결과에 대해 집착을 버리고

　　늘 만족하며 그 무엇에도 의존하지 않는 자는

　　행위를 해도

　　아무것도 행한 것이 없도다.4. 19~20

아무 바람 없이 몸과 마음을 제어하여

모든 소유를 포기하고

오직 육신으로만 행위를 하는 자는

죄를 얻지 않는다.4. 21

욕심에서 비롯된 행위만이 업을 낳습니다. 좋은 결과를 바라고 나쁜 결과를 싫어하게 만드는 욕망 때문에, 우리는 성공과 실패를 구별하며 기뻐하거나 슬퍼합니다. 좋고 나쁨, 선과 악, 성공과 실패, 기쁨과 슬픔, 행복과 불행 등등 이원적인 사고에 사로잡히게 되지요.

얻은 것에 만족하고

대립(이원성)을 초월하여

부러움 없이 성공과 실패가 같은 자는

행위를 해도 속박되지 않는다.4. 22

진인사대천명(盡人事待天命)의 가르침

제어된 자는 행위의 결과를 버리고

지극한 평온을 얻지만,

제어되지 않은 자는 결과에 집착하여

욕망의 행위에 의해 속박된다.5. 12

욕망이 이끄는 대로 하다 보면, 결과에 집착하기 마련입니다. 결과를 얻으려는 의도를 끌어내는 것이 욕망이니까요. 하지만 행위의 결과를 버린다는 것이, 일을 대충 해치우라는 말이 아닙니다. 최선을 다하되, 결과에 집착하지 말라는 뜻이지요. 좋은 결과가 나오면 자신의 능력을 과시하며 우쭐하지 말고, 나쁜 결과가 나와도 자신의 탓이라고 자책하며 실망하지 말라는 이야기입니다. 어떤 일이 벌어질 때는 눈에 보이는 요인만 작용하는 것이 아닙니다. 그런데 사람들은 복잡하게 맞물려 돌아가는 일의 상관 관계를 인과 관계로 착각하지요. 열심히 노력해도 실패할 수 있습니다. 최선을 다하되, 성패는 겸허하게 놓아야 합니다. 그러니 지겨워도 할 수 없지요. 과정을 즐기라고 말할 수밖에 없습니다.

행위의 요가는 인생의 성공과 실패를 대하는 태도를 가르칩니다. 또한 일을 추진할 때 욕망을 내려놓고 객관적으로 바라볼 것을 주문하지요. 이런 제삼자적 태도가 이익에 갇힌 시야를 넓혀, 오히려 성공 확률을 높일 수 있습니다. 눈앞의 이익에 눈이 멀어 더 큰 이익을 놓치는 경우가 얼마나

많은가요.

> 자나카 왕[2] 등은 바로 행위를 통해
>
> 성취에 이르렀기 때문이다.
>
> 세상의 이익을 위해서라도
>
> 잘 살펴 행함이 마땅하리라.3. 20

이데올로기적 배경이 어떻든지, 행위의 요가는 수승한 가르침을 줍니다. 따로 수행에 전념하지 않더라도 속세에서 살아가면서 따를 수 있는 가르침이니까요. 사람은 저마다 정신적 수준이 다릅니다. 붓다라는 빼어난 스승이 있다면 모르지만, 출가한다고 다 해탈에 가까워지지는 않습니다. 행위의 요가는 세상 살면서 욕심을 버리고 '해야 할 일'에 집중하라고 말합니다. 우리 각자는 사회에서 부여받은 역할이 있으니까요. 자신의 자리에서 제 할 일을 다하는 것은 세상 모두에게 이익이 됩니다.

---

2 라마의 아내인 시타의 아버지. 혹은 『브리하드 아란야카 우파니샤드』에 나오는 현 자 왕을 가리킨다.

집착을 가진 무지한 자가

행위를 하는 것처럼, 바라타의 후예야

배운 자도 행위를 하느니라.

(하지만) 세상의 이익을 위해 집착 없이 행해야 한다.3. 25

　행위의 요가는 단순히 겸손만이 아니라, 사회적 의무를
가르친다는 것을 기억해야 합니다. 모두를 위한 이익이 더욱
중요하다는 것을요. 제사는 '희생제'라고도 합니다. 개인적
욕심과 이익을 희생해야 진정한 제사입니다. 그것이 바로 제
사가 의무가 되는 이유이기도 하지요. 행위의 요가는 저마다
의 자리에서 제 몫의 의무와 봉사를 다하는 것입니다.

'나'가 행한다는 착각

사람이 몸과 말과 마음으로

무슨 행위를 하든

올바른 것이든 그릇된 것이든

이 다섯이 원인이노라.18. 15

(현상이 일어나는) 토대(몸), 행위자,

각종 수단(감각기관),

갖가지 다양한 움직임,

그리고 다섯번째인 운명이다.18. 14

그런데도 앎이 부족하여

거기에서 오직 '나'만을

행위자로 보는 자는

제대로 보지 못하는 어리석은 자로다.18. 16

　몸으로 행동을 하든 입으로 말을 하든 마음으로 생각을 하든, 사람이 하는 모든 일에는 다섯 가지 작인이 있습니다. 첫번째는 그런 일이 행해지는 몸입니다. 육체가 없으면 그 어떤 일도 일어날 수 없지요. 두번째는 뭔가를 하겠다는 의지를 지닌 행위자입니다. 세번째로, 일을 하는 수단으로서 감각기관(시각, 청각, 후각, 미각, 촉각)과 행동기관(손, 발, 혀, 배설기관, 생식기관), 그리고 마음이 필요합니다. 혀가 없는데 맛을 보거나 말을 할 수는 없습니다. 네번째는 수단이 되는 내적·외적 기관이 움직여야 합니다. 움직여야 행위가 되니까요. 마지막으로, 어떤 행동을 하게 되는 상황이 있어야 합니다. 살다 보면 맞닥뜨리게 되는 모든 상황을 통틀어, 인도에서는 '운명'이라고 부릅니다. 스스로 초래한 것이든 아니든 말이지요. 이 다섯 가운데, 사람은 '나'만이 행위의 원인이라고 착각합니다. 내가 게을러서 실패했다고, 혹은 내가 똑똑해서 성공했다고 여기면서요. 상황과 환경을 자신이 다 통제할 수 있다고 믿는 오만과 자의식이 이런 통제력 착각의 오류를 불러옵니다. 도박판 위에서 구르는 주사위를 자신이 제어할 수 있다고 믿는 것처럼요. 『기타』는 오직 '나'만이 행위의 원인이라고 간주하는 것을 경계합니다. 물론 '나' 역시 다섯 가지 작인 가운데 하나이므로, 큰 노력을 투입하면 결과를 바꿀 수도 있습니다. 하지만 다섯 요소 가운데 하나만으로 결과를 논할 수는 없지요. 사실 어떤 행위를 할 때마다 의지가 매번 작용하는 것도 아닙니다. 배가 고프면 자연히 먹을 것을 찾는 것처럼요. 우리를 떠밀어 가는 욕구가 있기에, 그에 따른 행동이 나옵니다. 우리가 의지를 발휘할 수 있는 행동은 생각보다 많지 않지요. 몸의 욕구, 마음의 욕망, 그리고 상황에 몰릴 뿐입니다.

행위는 모두 본연의 기질에 의해 이루어진다.

(하지만) 자의식이라는

미혹에 빠진 자는

물질적 욕망과 기질이 상황 속에서 빚어내는 것이 행동이지요. 상황이 '나'라는 행위자의 기질을 자극하여 특정한 행동을 만들어 냅니다. 화를 잘 내는 기질의 사람이 긴 대기 줄에 분통을 터트리는 것은 꼭 그 사람만의 잘못이 아닙니다. 그렇다면 우리는 기질과 상황에 끌려다니기만 하는 존재일까요? 다섯 가지 작인 가운데에는 분명히 행위자라는 의지적 원인이 있습니다. 그런데도 화가 날 때마다 분노를 터트리고는, 그저 내가 어쩔 수 없는 타고난 성격 탓으로 돌려야 할까요?

행함 없는 행함

흔히 우리가 '나'라고 여기는 것은 자의식(에고)입니다. 바로 행위자지요. 앞서 우리는 에고가 모든 상황을 통제한다고 착각한다는 것을 살펴보았습니다. 특출하게 잘난 사람이 아니라도, 누구나 하는 착각입니다. 심리학자들은 이렇게 과도한 신념을 '내성 착각'이라고 부릅니다. 무의식적으로 뭔가를 선택해 놓고, 사후에 그 이유를 합리화하는 것도 자신이 의도적 선택을 한다고 착각하기 때문에 일어납니다.

> 행위가 전부 물질(프라크리티)에 의해서만
>
> 이루어진다는 것을 보고,
>
> 자신이 행위자가 아니라는 것을 보는 자,
>
> 그가 (참으로) 보는 자로다. 13. 29

사실 에고가 제 스스로 행위자라고 주장할 뿐, 결정은 대부분 비의도적(무의식적)으로 일어납니다. 에고가 의지를 갖고 선택한다고 해도, 행위의 다섯 가지 요소 가운데 의지적 요인인 행위자의 비중은 생각보다 작습니다. 생각과 의지가 있어도 상황과 기질을 이기기는 쉽지 않지요.

> 지혜 있는 자라고 해도
>
> 자신의 본래 (물질적) 기질에 따라 행동한다.
>
> 온 존재가 본래 (물질적) 기질을 따라가기 마련인데
>
> 억압한들 무슨 소용이 있으랴. 3. 33

현명한 사람은 에고의 하찮은 의지력을 발휘하는 것보다, 감각기관을 다스려 상황을 통제합니다. 매 순간 행위하

면서도 내가 아니라, 감각과 행동기관들이 감각대상들 사이를 오간다고 생각하지요. 숨 쉬는 것, 심장이 뛰는 것, 눈을 깜빡이는 것 등을 의지로 제어할 수 없듯이, 먹고 자고 배설하는 생리현상뿐만 아니라, 말하고 생각하고 사지를 움직이는 것 따위도 그저 '현상'일 뿐입니다. 원인 때문에 일어나는 결과로서의 현상이지요. 우리는 고정불변의 정체성을 지니고 있지 않습니다. 그저 '나'라는 현상으로서 존재합니다. 원인과 결과로 일어나는 현상에 집착하여 나만의 감정, 나만의 의미, 나만의 생각 등이 따로 있다고 착각하면 안 됩니다. 에고는 늘 자연적인 현상에 소유격 딱지를 붙여 제 것이라고 주장하지요. 그러므로 욕망의 정화라는 결과가 필요하면, 감각기관에 들러붙는 집착이라는 원인을 버려야 합니다. 그래서 요가 수행자는 에고와 집착을 버리고 오로지 몸·마음·지성과 감각기관들만으로 행위를 합니다.

> 진리를 아는 자는 '아무것도 행하지 않는다'라고
> 전념으로 생각할지어다.
> 보고, 듣고, 만지고, 냄새 맡고,
> 먹고, 걷고, 자고, 숨 쉬고,

말하고, 배설하고, (손으로) 쥐고,

눈을 뜨고 감으면서도

감각기관들이 감각대상들에

작용할 뿐이라고 생각해야 한다.

집착을 버린 채 브라흐만(신, 자연)에

행위를 맡기고 행하는 자는

연잎이 물에 젖지 않듯이

죄에 젖지 않는도다.

요가 수행자는 자신을 정화하기 위해

집착을 버리고

오로지 몸과 마음과 지성,

그리고 감각기관만으로 행위를 한다.5.8~11

　감각기관을 제어하여 에고의 욕망에서 벗어난 사람은,
나와 남을 구별하지 않습니다. 개별적인 자아의 이기적인
시야에서 벗어났기 때문이지요. 그런 사람은 또한 '나' 자신
이 뭔가를 행한다고 여기지도 않습니다. 뭔가를 행한다고
주장할 에고가 없기 때문입니다. 에고의 껍질을 깨면 나오

는 참나(아트만)가 온 존재의 실체와 다르지 않다는 것을 확인할 따름이지요.

> 요가로 제어되어 마음이 청정한 자
> 자신을 이기고 감각기관을 다스린 자
> 온 존재의 자아가 자신의 자아가 된 자는
> 행위를 해도 더럽혀지지 않는다.5. 7

에고(ego)와 참나(Self : 아트만)

표면적이고 부차적인 자의식(에고)은 쉴 새 없이 보채곤 합니다. 이것도 갖고 싶고, 저것도 하고 싶다고요. 마치 장난감 가게에서 떼쓰는 어린 아이와 같습니다. 감각기관을 절제하는 것은, 이 아이를 타이르는 것과 같습니다. 아이가 얌전해져야 장난감 가게를 무사히 나올 수 있지요. 이것이 의도를 내려놓는 것입니다. 에고의 욕망과 집착에는 논리가 통하지 않기 때문에, 우리의 지성은 에고와 힘겨운 싸움을 해야 합니다. '자신을 이긴 자'라는 관용구는 에고와의 싸움에서 승리했다는 뜻입니다. 감각기관을 제어하는 데 성공했다는 의미도 되고요.

자신(ego)을 이기고 고요함에 이른 자의

지고한 자아(Self)는

추위와 더위, 즐거움과 괴로움, 칭송과 비난에도

한결같이 평온하다.6. 7

에고가 잠잠해지면, 내면 가장 깊은 곳에 있는 참나(Self)와 만날 수 있습니다. 물이 맑아야 물속에 있는 것이 보이기 마련이지요. 에고라는 호수가 감정으로 들끓거나 나태해서 수초(어리석음)로 가득하다면 물 밑에 있는 보물(참나)은 찾을 수 없습니다. 감각적 욕망을 이기고 에고를 제어하는 데 성공하면, 참나가 삶에 모습을 드러냅니다. 자의식 없이 행하면서 세상만사에 흔들리지 않지요. 삼매 상태뿐만 아니라 일상에서도 이런 평정심을 유지할 수 있습니다.

자기(Self)가 자신(ego)을 극복한 자에게는

자기(Self)가 자신(ego)의 친구이다.

(하지만) 자신(ego)을 다스리지 못한 자에게는

자기(Self)가 적과 같이 적대적으로 군다.6. 6

우리가 '나'라고 알고 있는 의식은 빙산의 일각에 불과

합니다. 몸을 둘러싼 피부와도 같은 표층의식이지요. 눈에 보이는 것이 피부이기 때문에, 겉가죽의 생김을 나라고 착각합니다. 하지만 참나는 무의식이라고 할 수 있습니다. 피부 밑의 진짜 몸이랄까요. 에고를 제어할 만큼 성숙한 사람은 호수의 검 엑스칼리버(참나)를 쓸 수 있게 됩니다. 무의식이 의식을 지지해 주는 친구가 되거든요. 하지만 에고를 제어하지 못하면 무의식(참나)은 욕망에 찬 에고의 행동에 늘 딴지를 겁니다. 아침에 일찍 일어나 영어회화를 공부하려 해도, 무의식은 언제나 미약한 의지 위에 잠을 쏟아부어 버리지요.

일상의 기술

『기타』는 고요 명상의 삼매를 강조합니다. 고도로 정신이 집중된 상태지요. 하지만 수행자가 아닌 우리는 대부분의 시간을 집중 상태가 아닌 일상생활로 보냅니다. 이런 평범한 시간은 그저 허비될 뿐일까요? 『기타』는 행위의 기술 또한 요가라고 합니다. 딴생각하지 말고 하는 일에 집중하라는 의미지요. 결과에 무심해야 행위 자체에 집중할 수 있습니다. 결과만을 기대하면 일을 할 때 더욱 긴장하고 실수하기 마련이니까요. 하지만 아무 바람 없이 그저 일에 집중한다는 것이 쉬울까요? 『기타』가 말하는 행위의 기술을 구체적으로 어떻게 실천할 수 있을까요? 명상에 들지 않고도, 일상에서 닦을 수 있는 기술 두 가지를 『기타』에서 추출해 보았습니다.

1) 몰입

우리는 평범한 일상 속에서도 수행할 수 있습니다. 의도를 포기한 모든 행동이 수행이 되니까요. 좋은 느낌이나 즐거움을 얻고자 눈·코·입·귀·혀를 움직이지 않고, 돈·출세 따위를 바라고 행동하지 않으면 됩니다. 그저 해야 하는 일(의무)이기 때문에 행한다고 여기면서요. 그래서 행위의 요가를 의무의 요가라고도 합니다. 행위를 할 때 의무를 강조하는 이유는, 의무감이 의도를 내려놓게 하기 때문입니다. 해야 하는 일이기 때문에 그저 행할 뿐, 뭔가를 얻고 싶어 하는 일은 아니라는 마음가짐을 갖게 해주니까요. 의도를 내려놓으면 더 큰 행복이 찾아옵니다. 바로 몰입에서 나오는 희열이지요.

요가에 오르고자 하는 수행자에게는

행위가 수단이라고 하며,

요가에 이미 오른 자에게는

고요함이 수단이라고 한다.6. 3

여기서 요가는 삼매를 가리킵니다. 지금 이 순간에 몰입하는 것도 일종의 삼매거든요. 행위를 할 때 몸과 마음을 일치시킴으로써 몰입에 들어갈 수 있습니다. 그때는 행위가 요가를 위한 수단이 됩니다. 몰입에 오른 뒤에는 에고가 고요해지므로, 참나에 다가갈 수 있습니다. 그래서 고요함을 수단이라고 하지요. 몰입은 심신을 하나로 묶어, 늘 몸과 마음의 틈새를 파고드는 에고를 끼어들지 못하게 만듭니다. 그렇게 함으로써 에고 밑에 숨은 진짜 행위자인 참나를 드러내지요. 우리는 몰입 속에서 지금 이 순간 이 자리의 현존을 경험할 수 있습니다.

2) 리추얼

"우리 삶에서 습관이 차지하는 비율은 평균적으로 43퍼센트를 약간 넘는다"우드, 『해빗』, 56쪽고 합니다. 아무 생각 없이 하는 행동이 절반 가까이 된다는 사실이 놀랍습니다. 몸은 현재에 두고, 마음은 과거와 미래 어딘가를 헤매고 있다는 뜻이지요. 매 순간 몸과 마음을 하나로 일치시키는 것은 물론 쉽지 않습니다. 마음을 모아 행위하는 것을, 요가(행위의 기술)라고 부르며 수행으로 삼을 만큼 지난하지요. 유전적으로 주의가 흐려지기 쉬운 인간이 어떻게 해야 집중할 수 있을까요? 행동할 때 정성을 다해야 비로소 심신이 하나가 됩니다. 몰입을 이끌어 내는 행위의 기술이란, 실제로는 정성을 말하는 것일지도 모릅니다.

그렇다면 어떡해야 정성스럽게 행동할 수 있을까요? 인도 사람들은 삶 전체를 성스럽게 만들었습니다. 잠에서 깨는 순간 하루를 선물 받은 것에 감사하고, 땅 위에 첫 발을 디디면서 대지에 감사하지요. 신 앞에 서기 위해 매일 아침 목욕을 하고, 신에게 꽃과 향, 그리고 첫 음식(밀크티)을 바칩니다. 식사를 하기 전에 정결례를 치르고, 심지어 사랑을 나눌 때도 주문을 외웁니다. 노동과 놀이 모두 신에게 다가서는 신성한 길이지요. 일상을 성화할 수 있는 것은 오직 인간의 마음뿐입니다.[3] 우리는 일상을 성스럽게 대할 때 정성을 다할 수 있지요. 그런 의미에서 리추얼(의례)은 신을 향한 것이 아니라 나를 위한 것입니다. 마치 종교의례처럼 일과를

---

3 "우리의 진실한 마음 외에 신성한 것은 없다."(랄프 왈도 에머슨)

성스럽게 거행하여, 삶에 질서와 에너지를 불어넣는 기술이지요. 우리의 행위 하나하나가 죄다 성스러운 의식이 될 수 있습니다. 『기타』가 제사를 옹호한 이유는, 사회경제적인 요인뿐만 아니라 리추얼의 이러한 순기능 때문이기도 합니다.

> 아트만에 대한 마음으로
>
> 모든 행위를 내게 내맡기고
>
> 바라는 것 없이 내 것이라는 생각 없이
>
> 고뇌를 여의고 싸우라.3. 30

리추얼은 행위의 모든 결과를 신(운명)에게 돌리고, 의연하게 마음을 집중하여 삶의 고뇌·무의미와 싸울 수 있도록 해줍니다. 리듬을 타는 노래처럼, 우리는 반복을 통해 의미를 만들어 낼 수 있지요. 삶에 성스러움을 부여하는 리추얼 자체가 수행입니다. 그리고 일상 속 하나하나의 행위가 다 리추얼이 될 수 있습니다. 많은 작가가 작업을 시작하기 전에, 커피를 마시는 습관이 있답니다. 영감에게 보내는 시작 신호나 다름없었지요. 일상 속 사소한 행복을 리추얼로 가꾸어 보세요. 그리고 리추얼을 늘려 나가세요, 마침내 온 하루가 리추얼이 되도록.

7장_신애(박티)의 요가

무슨 행위를 하든

항상 나를 의지하는 자는

내 은총으로

영원불멸의 자리를 얻는다.18. 56

'박티'란 신에 대한 사랑, 즉 신애(神愛)를 의미합니다. 박티 요가는 보통 '신애(사랑)의 요가', 혹은 '헌신의 요가'로 번역됩니다. 사랑과 헌신은, 명상이나 수행보다 쉽고 강렬합니다. 신을 향한 사랑이 충만하고 심오한 체험을 가져오기 때문에, 지혜나 의무의 길보다 뛰어나다고도 합니다. 이 박티가 언제 어디서 생겨났는지는 알 수 없습니다. 『바가와드 기타』의 박티가 우파니샤드[1]에 나오는 염상(念想)[2]의 영향을 받았다고 추정할 뿐입니다.『나라다 수트라』라는 경전에서는, 신에 대해 끊임없이 생각(염상)하는 것, 신을 찬양하는 것, 그리고 신에게 바치는 봉사로서 모든 일을 행하는 것 등등 여러 가지를 신애라고 합니다. 신에 대해 논쟁하며 무익하게 시간 낭비하지 않고, 당장 나를 자아(ego)라는 감옥 속에서 꺼내 달라고 구원자에게 간구하는 것이 신애지요.

> (그대의) 온 존재로, 바라타의 후예야
>
> 오직 그(主)만을 귀의처로 삼아라.
>
> 그의 은총으로 그대는
>
> 더없이 평안한 영원의 거처에 이르리라.18. 62

인격신에 대한 갈망

우파니샤드에 염상의 개념이 있다고는 하지만, 예배보다 제사를 강조하는 베다의 종교에서 신애 사상의 뿌리를 찾기는 어렵습니다. 오히려 아리야인 이전의 종교에, 신애에 대

---

1 박티(bhakti)라는 단어가 직접 나오는 우파니샤드는 『슈외타슈와타라』(6. 23)이다.
2 우파사나(upāsana). '숭배'를 뜻한다.

한 폭넓은 관행이 있었으리라고 추정하는 것이 타당하지요. 브라만 종교에는 상위 세 계급[3]만 참여할 수 있었습니다. 다수를 차지하는 선주민 출신 노예 계급(슈드라)은 오래전부터 고유의 종교 전통(토착 신앙)을 지켜 왔을 가능성이 높습니다. 브라만 전통에 수용된 선진 사문 전통과는 달리, 순수한 숭배 행위로 채워진 민중의 종교가 있었다는 뜻이지요. 오늘날 힌두교로 계승된 종교적 관습 —— 신상을 목욕시키고, 신에게 꽃과 제물을 바치고, 신을 찬미하는 등 —— 은 인격신에 대한 변함 없는 숭배를 보여 줍니다. 불교·자이나교의 흥성으로 위기에 몰린 브라만은 민중의 지지를 얻기 위해 뿌리 깊은 신애의 전통을 끌어들이지 않을 수 없었을 것입니다. 신애의 요가를 통해 토착 신앙을 성공적으로 수용한 『기타』는, 여성과 하층민에게 활짝 열린 힌두교의 성립을 알리는 경전입니다. 라마와 크리슈나를 비롯한, 토착민의 검은 신들과 무섭고 파괴적인 여신들이 전면에 등장하게 되었지요. 철학적이고 일원론적인 상층과 기복적이고 다신적인

---

3 브라만, 크샤트리야, 그리고 바이샤 계급만 성스러운 실을 두르는 우파나야나 의식을 치르고 배움에 입문할 수 있었다. 배움을 두번째 탄생으로 보아, 이들 계급에 속한 사람을 '두 번 태어난 자'(드위자)라고 부른다.

하층이 합쳐져, 힌두교의 넓은 스펙트럼을 구성합니다.

> 프리타의 아들아, 내게 귀의하면
>
> 죄 많은 태(胎)에서 태어난(천한) 자라고 할지라도
>
> 여인이든, 평민이든, 심지어 노예라도
>
> 지고의 경지에 이를 것이다.9. 32

『기타』의 토착 신앙 수용이 어찌나 성공적이었는지, 신애의 요가는 불교의 남인도 전파를 효과적으로 막아 냅니다. 그리고 신에 대한 사랑이라는 종교적 열망은 철학적 수행 체계인 불교조차 종교로 바꿔 놓지요. 상을 만들어 숭배하는 것을 붓다가 직접 금지했는데도 불구하고, 민중의 종교적 열망은 대승 불교를 탄생시킵니다. 꽃과 음식을 바치며 보살의 이름을 부르는 신애의 길이 불교에도 생겨난 것입니다. 나를 부모처럼 살펴 줄 인격신을 갈구하는 인간의 종교적 심성은 오늘날에도 변함이 없습니다. 새로운 신과 종교가 쉴 새 없이 태어나는 곳이 인도만은 아니니까요. 인간의 종교적 본능이 변하지 않는 이상, 신애의 요가 또한 변함없이 삶의 길을 가리켜 보일 것입니다. 그 길은 바로 헌신의 가르침입니다.

지혜로운 자들은 내가 모든 것의 기원이고

내게서 모든 것이 생성되었다고 여기면서

사랑으로 가득 차

내게 헌신한다.10. 8

내게 마음을 바치고 내게 헌신하며

내게 제사를 올리고 나를 경배하라.

이처럼 스스로를 제어하고 나를 궁극의 목표로 삼으면

그대는 반드시 내게 이르리라.9. 34

인격적 유일신

1) 브라흐만

① 존재이자 비존재

브라흐만은 신, 신성, 자연, 에너지(氣), 우주 등으로 다양하
게 해석할 수 있습니다. 브라흐만을 표현할 수 있는 언어가
없기 때문에, 맥락에 따라 이해할 수밖에 없거든요. 초월적
실체인 브라흐만은 우리가 파악할 수 없습니다. 인간의 지
성과 감각 너머의 영역에 있으니까요. 그래서 존재하는 것
도, 존재하지 않는 것도 아니라고 말합니다. '그것'(브라흐만)

은 세계의 바탕일 뿐, 인간과 접점이 없어 신앙의 대상조차
될 수 없답니다.

(그대가) 알아야 할 것을 말해 주리라.

그것을 알고 나면 불사를 누리리니.

시작이 없는 지고의 브라흐만,

그것은 존재도 아니고 비존재도 아니라고 한다.

그것은 사방에 손과 발이 있고

사방에 눈과 머리와 입이 있으며,

세상 어디든 귀가 있고

모든 것에 편재하여 있도다.13. 12~13

존재도 비존재도 아니면서 브라흐만은, 세상 어디에나
두루 퍼져 있습니다. 마치 에너지처럼요. 우리가 보거나 들
을 수 없어도 브라흐만은 손발을 가진 것처럼 작용을 일으
키고, 눈·코·입·귀가 달린 것처럼 감응합니다.

② 절대적인 실체

우파니샤드에서는 절대적인 실체를 '브라흐만'이라고 합니

다. 신기루 같은 이 세상의 배후에 존재의 토대가 되는 브라흐만이 있다고요. 초월적인 실체는 뭐고, 절대적인 실체는 또 뭐냐고요? 초월적인 실체는 앞서 말한 것처럼, 우리의 감각 너머에 있습니다. 절대적인 실체는 영원불변이고요. 물질로 이루어진 삼라만상은 시간이 흐르면 자연히 소멸합니다. 있다가도(생겼다가) 없는(사라지는) 것이 뭇 존재의 운명입니다. 영원하고 변치 않는 것은 오직 물질의 바탕인 브라흐만뿐이라고 하지요. "그 안에 존재들이 거하고, 그에 의해 이 모든 것이 펼쳐져 있다"8.22라고 합니다.

> (브라흐만은) 나누어져 있지 않지만
> 존재들 안에서는 나누어진 것처럼 있다.
> 이 알아야 할 것(브라흐만)은
> 존재를 키우고 삼키며 또한 생겨나게 하도다.13. 16

　　브라흐만은 모든 존재를 낳고 유지하고 소멸시킵니다. 우주의 모든 것은 에너지에서 비롯되었으니까요. 브라흐만은 나뉘지 않는 전체지만, 각각의 존재 속에서는 나누어져 있는 것처럼 보입니다. 마치 병에 들어 있는 공기처럼요.

③ 범아일여

태양은 지구 밖에 있으면서도, 지구 위 모든 생명의 근원입니다. 에너지를 받아들이는 생화학적 통로를 통해서, 생명은 항상 태양의 에너지를 간직하지요. 브라흐만이 태양 에너지라면, 아트만은 각각의 생명체가 지닌 에너지라고 할 수 있습니다. 내가 가진 아트만은 우주의 브라흐만과 다르지 않습니다.[4] 이를 범아일여(梵我一如)라고 합니다. 완전히 같지는 않지만 '아'(我, 아트만)는 '범'(梵, 브라흐만)에서 나왔으니까요.

> 브라흐만은 불멸이고 지고하다.
>
> (브라흐만의) 자성(본성)이 (개별적) 아트만이라고 불린다.
>
> 존재의 상태를 일으키는(존재하게 만드는) 창조력을
>
> 행위(카르마)라고 하느니라.8. 3

에너지가 보존되듯이 브라흐만 역시 불멸입니다. 또한 브라흐만 자체가 창조력이라서, 상태 변화를 일으키지요.

---

4 브라흐만과 아트만의 관계를 나타내는 '아드와이타'(advaita, 不二)를 '(梵我)一如'라고 번역한다. '일여'(一如)는 둘이 아닐 뿐 동일하다는 의미는 아니다.

이런 브라흐만이 개체 안에 있으면, 아트만이라고 불립니다.

> 그것(브라흐만)은 어둠 너머에 있는
>
> 빛 중의 빛으로 불리나니.
>
> 그것은 앎이고 앎의 대상이며 앎의 목적으로서
>
> 모두의 가슴에 자리하고 있노라.13. 17

우파니샤드에 따르면, 아트만이 자리하고 있는 곳은 우리의 심장(가슴)이라고 합니다. 아트만은 물질로 구성된 육신을 움직이므로, 아트만을 의식이라고 이해해도 됩니다. 의식이 있어야 우리는 무언가를 인식하고 알 수 있지요. 명징한 의식 자체가 지혜의 목표이기도 합니다. 브라흐만을 표현할 단어가 없어서, 성자들은 빛을 그것의 상징으로 삼았답니다. 빛은 사방을 밝혀, 인식과 앎과 가져오니까요. 깜깜해서 아무것도 보이지 않으면, 주변에 무엇이 있는지 볼 수도 알 수도 없잖아요? 인식 자체가 빛처럼 밝히는 성질을 지니고 있다고 할 수 있습니다. 현대의 성자들은 브라흐만을 전기로 표현할지도 모릅니다. 가전제품과 같은 생명들에게 에너지를 공급하니까요. 의식의 측면에서만 보면, 인간은 냉장고와 비슷합니다. 문을 열 때만, 즉 인식을 할 때만 불(의식)이 들어오니까요.

2) 이슈와라

신을 갈망하는 종교적 본성을 『기타』가 신애의 요가로 수용했다는 것을 위에서 살펴보았습니다. 다신교에서 일신교적 다신교(교체신교)[5]로, 그리고 일원론으로 긴 여정을 마친 인도 종교사는 다시 인격신으로 방향을 틉니다. 우파니샤드에서 만개한 철학적 성찰이 이미 일원론으로 수렴되었는데도, 다시 인격신을 내세운다는 것은 종교적 퇴보가 아닐까요? 크리슈나 같은 신이 재등장한 것이 철학적으로 세련되지는 않으니까요. 민중의 믿음을 포용해야 했던 『기타』의 고뇌가 느껴집니다.

닿을 수 없는 신성(브라흐만)을 닿을 수 있는 인격신(이슈와라)으로 받아들인다고 해서, 크나큰 오류를 범하는 것은 아닙니다. 어차피 "벙어리의 미각"『나라다 수트라』, 51~52처럼 알 수 없는 것이 신성이니까요. 이해할 수 없다고 불가지론자

---

5 여러 신의 속성을 흡수한 하나의 주신(主神)을 유일신처럼 섬기는 종교. 제사의 성격에 따라 주신이 바뀐다.

로 남기보다는, 오류를 무릅쓰고라도 신을 비빌 수 있는 언덕 삼아 의지하는 것이 나을 수도 있고요.

> 태어남도 시작도 없는
>
> 세상의 위대한 주(主)로 나를 아는 자는
>
> 죽어야 하는 존재(인간) 가운데서도
>
> 미혹됨 없이 모든 악에서 해방된다. 10. 3

이렇게 인간의 이해 밖에 있는 브라흐만(속성이 없는 브라흐만)에서 인격적으로 주조된 브라흐만(속성을 지닌 브라흐만)이 바로 신(이슈와라)입니다. 따라서 신은 실체(브라흐만)의 그림자일 뿐, 궁극적 실체가 아닙니다. 그럼에도 불구하고 인간이 닿을 수 있는 최상의 진리를 표상하기도 하지요. 우리는 브라흐만의 그림자인 신을 통해 진리를 추구할 수 있습니다. 유한한 인간이 초월적 신성에 가까이 갈 수 있는 길은 이렇게 신성의 인격적인 측면에 기대는 방법뿐일지도 모릅니다.

지고의 정신 푸루쇼타마(Puruṣottama)

> 세계에는 이 두 가지 정신이 있나니,
>
> 멸하는 것(크샤라)과 불멸하는 것(악샤라)이다.
>
> 멸하는 것은 모든 존재이며
>
> 불멸하는 것은 부동자라고 부른다.15. 16

이 세계에는 '불멸하는 것'(악샤라)과 '멸하는 것'(크샤라)이 있다고 『기타』는 노래합니다. 멸하는 것(크샤라)은 신기루 같은 세상 모든 것입니다. 물질을 말하지요. 원자로 구성된 만물은 영원하지 않습니다. 모였다가 이내 흩어지니까요. 그렇다면 불멸하는 것(악샤라)은 궁극적 실체인 브라흐만(속성이 없는 브라흐만)일까요? 아닙니다. 무한한 브라흐만의 한 조각인 영혼, 바로 아트만을 지칭할 뿐입니다.6 우리의 영혼은 덧없이 사라지는 육체와는 달리 불멸이라고 합니다. 그리고 멸하는 것과 불멸하는 것 위에 지고의 정신(푸루쇼타마)이 있습니다.

---

6 개별적인 아트만과 푸루쇼타마를 구별한 라마누자의 견해에 따른다. 상카라는 악샤라를 푸루쇼타마와 동일시한다.

그러나 최고의 아트만이라고 불리는

또 다른 위 없는 정신이 존재하나니

그는 삼계에 들어와 삼계를 유지하는

멸함 없는 주(主)이다.

나는 소멸하는 것(크샤라)을 초월하여

불멸하는 것(악샤라)보다도 높은 까닭에

세상과 베다에서

지고의 정신(푸루쇼타마)으로 알려진다.

이와 같이 미혹됨 없이

나를 지고의 정신(푸루쇼타마)으로 아는 자는 모든 것을 알며,

(자신의) 온 존재로

나를 섬기느니라, 바라타의 후예야.15. 17~19

『기타』는 명백히 크리슈나를 지고의 정신(푸루쇼타마)이
라고 밝힙니다. 푸루쇼타마는 무한한 것과 유한한 것 위에
있는 인격체이며, 속성이 없는 브라흐만과 속성을 지닌 브
라흐만을 아우르는 상위의 존재입니다. 다시 말해,『기타』
는 크리슈나를 속성을 지닌 브라흐만(신)으로 간주하는 것

이 아니라, 무속성·유속성 브라흐만의 총체인 푸루쇼타마라고 정의합니다. 아무런 속성이 없는 브라흐만의 그림자로 신을 남겨 두기에는,『기타』의 종교적 야심이 컸기 때문이지요. 영원히 변함없는 영면 상태의 무속성 브라흐만이 신이라는 그림자로 나타난 것에 만족하지 않고, "에너지를 지닌 지고의 영적 존재"라다크리슈난,『인도철학사 2』, 390쪽인 푸루쇼타마를 창조해 낸 것이 바로『기타』입니다. 절대자 브라흐만의 불멸성과 인격신 이슈와라의 행위성이 푸루쇼타마 속에서 하나가 되지요. 이로써 브라흐만이라는 형이상학적이고 비인격적인 관념은, 푸루쇼타마라는 유신론적인 종교로 전환됩니다. 그것은 믿음으로서만 가능한 일이지요.『기타』속 크리슈나는 단순한 인격신이 아니라, 유일신의 권능을 지닌 신입니다. 유일한 실체인 브라흐만이 유일한 신인 크리슈나로 드러나는 것이니까요. 어떻게 브라흐만이 인격신으로 모습을 바꾸냐고요? 그것은 알 수 없는 신비(마야)입니다. 논리가 아니라 경험적으로 유용한 가정일 뿐이지요. 일개 인간인 크리슈나가 푸루쇼타마 그 자체인지, 아니면 단지 푸루쇼타마의 제한적인 현현인지는『기타』에서 명확하지 않습니다.

신이자 인간인 크리슈나

『기타』에서 크리슈나는 단순히 비슈누 신의 일개 화신(인간)이 아니라, 지고한 신성의 현현입니다. 혼란스러운 아르주나에게 신의 눈을 주고, 자신의 진정한 모습을 보게 하지요.

> 나보다 더 높은 다른 어떤 것도
>
> 존재하지 않노라, 아르주나야.
>
> 보주 다발이 실에 꿰어 있듯이
>
> 이 모든 것이 내게 꿰어져 있도다.7. 7

신으로서의 크리슈나를 보고 아르주나는 충격을 받습니다. 크리슈나가 그저 인간인 줄 알고 벗이자 외사촌, 그리고 손위 처남으로만 크리슈나를 대해 왔으니까요. 아르주나는 그에게 용서를 구할 수밖에 없었습니다.

신적인 존재가 자신의 물질적 본성을 이용하여 태어난 인간이 크리슈나라고 『기타』는 말합니다. 세상이 위기에 처할 때마다 정의(다르마)가 쇠할 때마다, 신성은 피조물의 모습으로 세상에 출현합니다.

나는 태어나지도 변하지도 않으며

모든 존재의 주(主)이지만,

내 물질적 본성(프라크리티)을 토대로

내 자신의 창조력(마야)에 의해 (몸을) 나투나니.4. 6

크리슈나는 물질(프라크리티)과 정신(푸루샤), 둘 다 자신의 본성이라고 밝힙니다. 물질적 특성은 낮은 본성이고, 정신적 특성은 높은 본성이라고요. 크리슈나라는 궁극적 실체 안에서, 이원론[7]은 초월됩니다. 크리슈나는 자신이 아트만으로서 만물 안에 거하고 있으며, 만물 또한 자신 안에 거하고 있다고 하지요.

모든 존재가 그것(정신, 높은 본성)을

모태로 하고 있음을 알지니,

나는 이 온 세상의 생성(시작)이며

또한 해체(끝)로다.7. 6

---

7 물질원리 프라크리티와 정신원리 푸루샤의 이원론을 주장하는 상키야 철학.

이 모든 세계는 드러나지 않는 형상인

나에 의해 펼쳐진 것이다.

온 존재가 내 안에 있지만,

나는 그들 안에 있지 않도다. 9.4

허나 아르주나야,

이 많은 지식이 그대에게 무슨 소용 있으랴?

나는 이 온 세상을

내 편린 하나로 지탱하고 있느니라. 10. 42

『기타』는 단순한 범신론을 설하지 않습니다. 신은 자신의 조각 하나로 세계를 지탱할 뿐, 신이 세계 자체는 아니니까요. 다시 말해, 모든 존재와 온 세상이 다 신 안에 있고 신 또한 세계 안에 편재하지만, 신은 또한 세계 밖에도 있는 초월적 존재라는 의미입니다. 이것을 만유내재신론(panentheism)이라고 합니다. 신은 온 세상을 포괄하지만, 또한 이 세상을 초월해 존재하지요.

물론 간디처럼 크리슈나를 신이 아니라, 인간으로 본 해석가들도 있습니다. 보통 인간처럼 크리슈나도 몸을 입은 아트만일 뿐이라고요. 크리슈나는 평범한 인간으로 태어났지만, 깨달음을 얻어 신의 경지에 올랐다고 합니다.

> 애욕과 두려움과 분노에서 벗어나
>
> 내게 집중하고 나를 의지한 이들
>
> 지혜와 고행으로 정화된 많은 이들이
>
> 내 경지에 이르렀노라.4. 10

간디는 "신은 깨달음을 얻은 아트만"Minor, Modern Indian Interpreters of the Bhagavadgita, p. 101이라고 주장했습니다. 신이 인간이 된 것이 아니라, 인간이 깨달음을 얻어 신이 되었다고요. 인간이 신성(아트만)을 지니고 있다면, 우리가 신이 되지 못할 이유는 없지 않을까요? 깨달은 자 모두가 실은 화신일지도 모릅니다.

신애의 대상 크리슈나

비슈누 신의 여덟번째 화신 크리슈나[8]는 어렸을 때는 악동으로, 젊었을 때는 난봉꾼으로, 나이 들어서는 권모술수의 대가로 이름을 날렸습니다. 성스러움을 떠올리게 하는 신은 아니지요. 오히려 사랑스러운 아기, 귀여운 장난꾸러기, 잘 생긴 연인 등으로 표현되는 그의 친밀한 모습이, 신도로 하여금 신과 인격적 관계를 맺도록 떠밀어 줍니다. 나를 이끄는 신이 세상 밖의 초월적 존재가 아니라, 내 곁의 스승·친구·부모·연인과 같이 친숙한 존재이기를 누구나 바랄 테니까요. 우리는 종으로서 신에게 복종할 수도 있고, 신을 스승처럼 존경하거나, 친구나 부모처럼 의지할 수 있습니다. 하지만 신과 맺을 수 있는 가장 깊은 관계는 불륜이라고 합니다. 돈도 명예도 가족도 모두 버리고, 홀린 듯이 따라가게 만드는 불가항력의 사랑이지요. 이제 신애의 요가에서 왜 신과 인간의 관계를 에로틱하게 그리는지(성애주의) 이유를 짐작해 볼 수 있습니다. 첫번째는, 신과의 합일을 남녀의 합일에 비유하기 때문입니다. 삼매의 체험이 성관계의 쾌락보다 더 큰 희열을 주기 때문이기도 합니다. 두번째는, 본능을 신성으로 승화시킬 수 있는 수단이기 때문입니다. 크리슈나가 유부녀 라다와 불륜의 사랑을 나누었다는 이야기[9]는, 성

---

8 크리슈나는 원래 독립적으로 숭배받던 신이다. 우리슈니족의 최고신 와수데와가 야다와족의 신 크리슈나와 융합된 뒤, 아비라족의 신 고팔라와 힌두쿠쉬 산신 나라야나를 흡수했다. 일부 종파에서는 크리슈나 자체를 최고신으로 여기기도 한다. 화신 사상에서 보듯, 다양한 신이 수 세기에 걸쳐 베다의 비슈누와 하나가 된다.
9 이 이야기를 아름다운 시로 창작한 것이 자야데와(Jayadeva)의 『기타 고윈다』(Gitagovinda)이다.

적인 사랑을 영적인 체험으로 변화시키는 방법론입니다. 성욕이라는 본능적인 욕망을 순수한 사랑으로, 그리고 영적인 힘으로 바꾸는 길이랄까요? 인간은 동물적인 차원에서 신적인 차원까지, 스스로를 끌어올릴 수 있는 존재입니다.

어느 날 크리슈나는 줌나 강에서 목욕하고 있는 여목동들을 보았다. 짓궂은 젊은 신은 그들의 옷을 훔쳐 나무 위에 숨었다. 옷이 사라지자, 여인들은 물에서 나오지 못했다. 크리슈나는 알몸의 그들을 놀리며, 자신이 있는 나무 앞까지 나온 여인에게만 옷을 돌려주었다. 실컷 여인들을 괴롭히고 나서 크리슈나는, 가을에 함께 춤을 추어 주겠다고 그들에게 약속했다. 그리고 달빛이 은근한 어느 가을밤, 그는 숲속에서 피리를 불어 여목동들을 불러냈다. 그들 모두 남편의 품에서 몰래 빠져나와, 크리슈나와 함께 춤을 추었다. 그들은 저마다 크리슈나가 자신과 춤을 추고 있다고 생각했지만, 그는 이미 라다라는 여인과 함께 그곳을 빠져나간 뒤였다. 마침내 이를 알게 된 여인들이 울면서 그를 찾아 헤맸다. 크리슈나는 라다를 버리고 다시 여인들과 춤을 추었다. 격정적인 욕망의 춤은 여섯 달이나 계속되었다. 여인들은 줌나 강에서 목욕을 하고 각자의 집으로 돌아갔는데, 누구도 그들이 여섯 달 동안 자리를 비웠다는 것을 알지 못했다.김영, 『여섯 가지 키워드로 읽는 인도신화 강의』, 224~225쪽.

헌신의 가르침

신을 경배하는 방법은 어느 종교 전통에서나 비슷합니다.
불멸의 창조주를 찬송하고, 주님께 예배드리며, 종교 계율
을 잘 지키는 것이지요. 신애의 요가도 이런 전통을 답습합
니다. 신을 신처럼 섬기는 방법입니다.

> 그러나 위대한 자들은
>
> 신성한 본성에 의지하여
>
> 존재의 근원이자 불멸인 나를 알고
>
> 한결같은 마음으로 나를 섬긴다.

> 굳건한 서약을 세운 이들은
>
> 언제나 나를 찬미하고
>
> 신애로 나를 경배하며
>
> 늘 (마음을) 제어하여 숭배한다. 9. 13-14

신애의 요가는 전통적 숭배 방식보다 더 앞으로 나아갑
니다. 신을 연인처럼 사랑하는 방법이지요. 보이지 않는 신
을 어떻게 연인처럼 사랑할 수 있을까요? 사랑에 빠지면, 온

종일 연인을 생각하기 마련입니다. 무엇을 보든 사랑하는 이가 떠오르고, 어디서나 사랑하는 이와 함께 있는 것처럼 느낍니다. 그리고 사랑하는 이의 관점에서 모든 것을 생각하게 되지요.

> 어디서나 나를 보고
>
> 내 안에서 모든 것을 보는 자에게
>
> 나는 사라지지 않고
>
> 그도 내게서 사라지지 않느니라.6. 30

그렇기에 사랑의 마법에 걸리면 온 세상이 아름다워 보입니다. "어떤 존재든 미워하지 않고, 다정하고 자비로운"12. 13 사람이 되지요. 연인을 향한 사랑이 넘쳐 세상으로 흐르니까요. 사랑하는 사람이 생기면, 그 사람이 살아가는 세상도 안녕하기를 바랄 수밖에 없습니다. 간디의 제자 비노바 바베(Vinoba Bhave)는 신애를 인류애로 확장하여, 모든 피조물 속에 있는 신(아트만)을 위해 봉사하라고 권했습니다. 진정한 신애는 창조주와 피조물을, 나와 남을 구별하지 않지요. 피조물에게 봉사하는 것이 곧 창조주에게 헌신하는 것입니다.

게다가 한 사람에 대한 열렬한 감정은 쉽게 몰입을 이끌어 냅니다. 서로에게 빠져 있는 연인이 어디 주변을 신경 쓰던가요? 사랑은 연인에 대한 명상이나 다름없습니다. 신을 사랑하면 신이 명상 주제가 됩니다.

> 오직 내게만 마음을 집중하고
> 내게 의식을 두어라.
> 그러면 그대는 내 안에 거하게 되리라.
> 이는 의심할 바 없노라.12. 8

마음을 집중하고 생각을 비우는 수단으로서, 신애를 이용한다고도 볼 수 있습니다. 더군다나 신애는 사랑의 감정을 동력 삼아, 지치지 않고 수행을 하게 해줍니다. 멀다고 연인의 집을 안 찾아가나요? 사랑하는 신에게 닿기 위해, 어떤 고행도 무릅쓰는 것이 헌신입니다. 그런 사람은 신도 사랑하지 않을 수 없지요.

> 세상 때문에 동요하지 않고
> 그 (사람) 때문에 세상이 동요하지 않는 자
> 기쁨과 분노, 두려움과 조바심에서 벗어난 자
> 그런 자는 내게 소중하도다.

바라는 것 없이 순수하며 능력 있고 치우침 없는 자

괴로움 없이 시작한 모든 일을 포기하고

나를 신애하는 자

그런 자는 내게 소중하도다.

기뻐하지도 않고 싫어하지도 않으며

슬퍼하지도 않고 바라지도 않으며

길한 것과 길하지 않은 것을 버리고 신애를 갖춘 자

그런 자는 내게 소중하도다.

적과 벗,

존경과 멸시가 같은 자

추위와 더위, 기쁨과 괴로움이 같은 자

집착을 떠난 자

비난과 칭찬을 똑같이 여기며

침묵을 지키고 무엇에나 만족하는 자

머무는 곳 없이 뜻이 굳건하고 신애를 갖춘 자

그런 자는 내게 소중하도다. 12. 15-19

신애와 구원

내게 마음을 두고 나를 신애하며

내게 제사를 지내고 나를 경배하라!

(그러면) 그대는 반드시 내게 올 것이다.

약속하노라. 그대는 내게 소중하도다.

모든 의무(다르마)를 떨쳐 버리고

나 하나만을 의지처로 삼아라!

내가 그대를 모든 악으로부터

자유롭게 해줄 터이니, 슬퍼하지 말라!18. 65~66[10]

신애 전통은 제도화된 종교를 거부하고, 신을 정서적으로 직접 체험하는 것을 중시합니다. 자아를 초월하는 사랑을 경험하는 것이 무엇보다 중요하지요. 현실 속 신애는 우상숭배적인 면에서 해탈을 추구하는 면까지 온갖 종교 형태를 포괄합니다.

---

10 브라만 전통과 대중적 신애를 융합한 라마누자의 베단타 학파에서는, 이 시구를 『기타』의 핵심으로 간주한다.

6~9세기 남인도의 '신에게 몰두한 자'(알와르)는 신을 찬미하는 노래를 부르며 떠돌던 성자 시인들이었습니다. 신을 향한 춤과 노래, 그리고 연인처럼 신을 갈망하는 낭만적 성향이 후대 신애의 특징입니다. 하지만 신애를 공식화한『기타』에서도 이런 열정적 망아(忘我)를 이야기할까요?『기타』의 신애는 후대의 열광적인 경향과는 거리가 멉니다. 하루 종일 사랑하는 연인 생각에 빠지는 것처럼, 신을 생각함으로써 명상에 잠기라는 지침에 가깝지요. 인간을 움직이는 것이 머리의 당위가 아닌, 가슴의 감정이라는 것을 꿰뚫어 본 통찰입니다.

> 항상 만족하는 요가 수행자
> 자신을 제어하며 결심이 굳건한 자
> 내게 마음과 의식을 두고 나를 신애하는 자
> 그런 자는 내게 소중하도다.12. 14

신애의 요가에서 신을 사랑하는 이유는, 그 감정이 나를 해탈로 이끌어 주기 때문입니다. 이는 후대의 신애에서, 신에 의한 구원을 말하는 까닭과 같습니다.『바가와드 기타』도 유일신의 면모를 갖춘 크리슈나를 부각하며 구원을 내세웁니다. 범죄자라도 신을 믿기만 하면, 구원받을 수 있다고 장담하면서요.

> 사악한 짓을 저지른 자라도
> 오로지 나를 신애한다면
> 그는 마땅히 해야 할 생각을 하는 선한 자로 여겨질지니.
> 그자가 옳게 결심했기 때문이니라.

> 그는 곧 덕 있는 자가 되어
> 영원한 평온에 이른다.
> 쿤티의 아들아, 알지어다.
> 나를 신애하는 자는 멸하지 않도다. 9. 30-31

"고생하며 무거운 짐을 지고 허덕이는 사람은 다 내게로 오너라. 내가 편히 쉬게 하리라"『마태복음』, 11. 28라고 말하는 성경의 예수님과 크리슈나는 다르지 않습니다. 죄와 고난에 묶인 나를 구원할 구세주를 누구나 간구하기 마련이고요. 우파니샤드의 추상적 브라흐만은 대중의 가슴을 움직일 수 없었습니다. 『기타』가 신약처럼, 묻지도 따지지도 않고 나를 구해 줄 메시아를 내세운 것은 당연한 종교적 귀결입니다.

크리슈나는 초월적 브라흐만이자 내 안에 존재하는 아트만이며, 한 남자이기도 합니다.[11]

> 나는 그들을 가엾게 여겨
> 그들의 실체(아트만) 속에 머물면서
> 무지에서 나온 어둠을
> 지혜의 등불로 소멸시켜 주노라.10. 11

하지만 대가성 거래처럼, 구원받으려고 신을 사랑하나요? 구원이 아니라면 신을 사랑할 이유가 없나요? 진실한 사랑은 그 자체가 보상입니다. 사랑이라는 충만한 감정이 자신을 행복하게 하니까요. 신을 향한 사랑에 겨워, 도취 상태로 세상을 유랑한 신애자(박타)가 중세에는 셀 수 없었습니다. 이 미친 사랑은 이슬람 신비주의인 수피즘[12]에도 영향을 주었답니다. 비록 간디는 열정적 신애를 무시했지만, 삶을 이끌어 가는 힘이 이성이 아니라 감정에서 나온다는 것은 현대 뇌과학이 증명한 바 있습니다. 그렇다고 행복해지

---

11 기독교의 삼위일체에 대응한다고 볼 수도 있다.
12 신과의 직접 교류를 중시하는, 시아파의 신비주의.

기 위해 아무것도 하지 말고 그저 신을 사랑하라는 뜻일까요? 신애는 "인간의 감정에만 호소하는 주정주의(主情主義)가 아니라, 지력의 함양뿐만 아니라 의지의 단련을 포함"라 다크리슈난, 『인도철학사 4』, 498쪽. 합니다. 행복해지기 위해서 배우고 단련해야 하지요. 사랑과 행복은 저절로 주어지는 것도, 조건이 발현되면 생겨나는 것도 아닙니다. 의지와 능력의 표현이지요. 크리슈나는 아무나 사랑하지 않습니다. 삼매에 오른 수행자만 가려서 건져 준다고요.

> 내 안에 마음이 들어온(삼매에 든) 이들을
>
> 프리타의 아들아,
>
> 나는 오래지 않아
>
> 죽음과 윤회의 바다로부터 건져 주리라.12. 7

신은 곧 참나(Self)의 다른 이름입니다. 신을 만난다는 것은 나를 만난다는 뜻이고, 신을 사랑한다는 것은 나를 사랑한다는 의미지요. 신에게 구원받는 길(타력 구제 : 신이 나를 구원한다)이나 스스로 깨달음을 얻는 길(자력 구제 : 내가 내 자신을 구원한다)이나, 사실은 다 일인칭이 주어인지도 모릅니다.

다양한 신애

민중의 신 크리슈나를 신애의 대상으로 내세우지만,『기타』
는 꼭 크리슈나만을 고집하지 않습니다. 대중적 지지를 받
는 신이라면 다 받아들이는 포용력을 보여 주지요.

> 또 다른 이들은 지혜의 제사로
>
> 제사를 올리면서
>
> 모든 곳에 얼굴을 둔 나를
>
> 하나로서, 각각으로서, 여럿으로서 섬기느니라.9. 15

> 믿음을 지니고 다른 신들을
>
> 신애하고 경배하는 이들이라도
>
> 쿤티의 아들아, 방법은 어긋나지만
>
> 바로 나를 경배하는 것이니라.9. 23

『기타』는 신앙의 다양한 형태를 긍정합니다. 유일신을
섬길 수도, 물질과 정신의 이원론 속에서 정신을 섬길 수도
있습니다. 물론 만신전 가운데 신을 몇 골라내어 숭배할 수
도 있지요. 형태는 다르지만, 모두 없는 곳이 없는(모든 곳에

얼굴을 둔 무소부재의) 신을 향한 예배입니다. 베다에도 비슷한 구절이 있답니다.

> 하나를 성자들은 다양하게 말하나니. 아그니(불의 신), 야마(죽음의 신), 마타리슈완(불 가운데 제화를 뜻하는, 아그니의 별칭)이라고 (여러 신의 이름으로 그 하나를) 부른다. 『리그 베다』, 1. 164. 46

신이 하나면 그 하나만 섬기면 되지, 왜 그렇게 많은 신이 필요할까요? 그것은 이원론의 세상에서 일원론을 이해할 만큼 지혜 있는 이가 많지 않기 때문입니다. 물질이라는 신기루에 홀려 세상이 색색의 사물로 채워져 있다고 생각하는 사람에게, 온 세상이 하나의 단일체라고 이야기해 봐야 소용없습니다. 각양의 물질을 좇아 각색의 욕망을 품는 사람에게는, 갖가지 욕망을 만족시켜 줄 각종 신이 필요하지요.

> 이런저런 욕망에 지혜를 빼앗긴 사람들은
> 자신의 물질적 기질에 속박되어
> 이런저런 규율을 지키면서
> 다른 신들에게 귀의한다.

누가 어떤 믿음으로

어떤 형상을 섬기고 싶어하든

나는 그 각각의 믿음마다

흔들리지 않도록 해주느니라.

그런 사람은 믿음으로 제어되어

그(신)의 숭배를 원하고,

그 때문에 바로 내가 주는

욕망들의 성취를 이룬다.7. 20-22

어떤 신을 섬기든 통 크게 다 받아 주는 크리슈나야말로 질투하는 하나님과는 다른, 숲의 유일신입니다.[13] 누구를 사랑하든 누구에게 헌신하든, 모두 자신을 향한 것으로 받아 줍니다.

내게 어떻게 오든지

나는 그대로 사람들을 받아 주노라.

---

13 사막에서 태동한 유대교·그리스교·이슬람교를 사막의 종교로, 인도와 중국에서 태동한 불교·힌두교·도교·유교를 숲의 종교로 분류하기도 한다.

프리타의 아들아,

사람들은 어떡하든 내 길을 따르느니라.4. 11

    욕망을 이루는 도구이든 깨달음을 위한 도구이든, 인도에서 신은 단지 수단일 뿐입니다. 그러니 많다고 나쁠 거야 없지요. 도움이 되면 무엇이든 받아들이는 힌두의 버릇은 『기타』에서도 유감없이 발휘됩니다.『기타』는 헤아릴 수 없는 신뿐만 아니라, 그 어떤 사상도 버리지 않는 종합주의적 모습을 보이거든요. 서로 맞서는 주장들이『기타』안에 자리 잡았기 때문에, 이 경전은 여러 저자에 의해 여러 시기를 거쳐 완성되었다고 추정됩니다. 세 가지로 삶의 길(요가)을 제시하지만, 베다(희생물을 바치는 공희종교)를 비롯한 다른 길도 『기타』안에 숨어 있지요.『기타』는 재료를 이것저것 넣은 잡탕입니다. 그럼에도 불구하고 한 가지 맛을 선명하게 냅니다. 무슨 재료를 넣든, 된장을 넣으면 다 된장국이 되는 것처럼요.『기타』의 유일한 맛은 바로 '구원'입니다.

3부

세 가지 요가의
해석과 실천

8장_세 갈래 길

베단타의 두 성자 겸 철학자, 샹카라와 라마누자는 『바가와드 기타』의 주석서를 썼습니다. 크리슈나라는 인격신의 지위를 두고 벌어진 두 주석가의 견해 차이 때문에, 『기타』의 해석도 달라질 수 밖에 없었습니다. 『기타』 본래의 의도와는 상관없이 말이지요. 브라흐만이라는 절대자 위에 지고의 정신 푸루쇼타마를 창조해 낸 『기타』를 이해하는 데는, 아무래도 인격신을 인정하는 라마누자의 주석이 편할 수밖에 없습니다.

인도 철학자들은 저마다 자신의 교의에 맞게 『기타』를 해석했습니다. 자신의 논리를 뒷받침할 근거로 『기타』를 끌어들인 것이지요. 불이론(不二論, Advaita) 베단타 철학의 창시자 샹카라는 『기타』를 해탈의 서(mokṣa-śāstra)로 보았습니다. 그의 철학이 아트만에 대한 앎을 해탈로 보기 때문입니다. 자기 자신에 대한 지혜를 중시한 그는, 지혜가 행위보다 뛰어나다고 주장합니다. 그에게 행위란, 제사 이상의 것을 의미하지 않았습니다. 해탈은 제식 행위나 신의 숭배로는 얻을 수 없는 것이었지요. 그러나 한정불이론(限定不二論, Viśiṣta advaita) 베단타를 주창한 라마누자는 샹카라가 떨어뜨린 인격신의 위상을 궁극적 실체로 회복시킵니다. 그가 중요하게 여긴 것은, 신애와 복종(prapatti)[1] 입니다. 하지만 그가 강조한 신애는 염상(念想)을 뜻합니다. 신에 대해 생각하는 지혜로서의 측면이 강하지요.[2] 따라서 샹카라와 라마누자 모두 『기타』를, 지혜를 통한 해탈의 서로 보았다고 할 수 있습니다. 한편 틸락(Bal Gangadhar Tilak)은 『기타』를 독립적인 문헌으로 보면 지혜의 요가가, 『마하바라타』의 맥락에서 보면 행위의 요가가 주제라고 말합니다. 크리슈나가 신이냐, 인간 영웅이냐가 가르침의 성격을 결정하는 것이지요.

---

1 복종의 해석을 두고 한정불이론 학파는 북인도의 원숭이파(Vaḍagalai)와 남인도의 고양이파(Tengalai)로 갈라진다. 어미 고양이가 새끼고양이를 입에 물어 옮기듯이 신이 절대 복종하는 신도라면 누구나 구원한다는 것이 고양이파이고, 신도라도 원숭이 새끼가 어미에게 매달리는 것처럼 노력해야 신의 구원을 받는다는 것이 원숭이파이다.
2 라마누자는 지혜를 선정(dhyāna) 혹은 염상(upāsana)으로 해석한다.

세 요가는 단계적 가르침일까

해탈에 대한 염원이 생긴 순간부터 지혜의 요가를 따를 수
있는 것은 아니라고, 라마누자는 말합니다. 행위의 요가를
먼저 닦아 마음의 때가 사라지면, 비로소 지혜의 요가를 추
구할 수 있다고 하지요. 그에 따르면, 세 요가는 단계적입니
다. 당연히 출가수행자가 따르는 지혜의 길이 가장 어렵다
고 합니다. 재가의 가장이 따르는 행위의 길은 지혜의 요가
로 가기 위한 예비단계로 여깁니다. 여성과 노예 등 수행이
불가능한 이도 따를 수 있는 신애의 요가는, 지혜를 얻기 위
한 수단으로만 생각하지요. 이 견해에 의하면, 신애·행위의
요가는 지혜의 요가를 보조합니다.

　　보통 사람은 잠든 상태로 평생을 사는 것이나 마찬가지
이기 때문에, 깨어나 지혜를 배우기 위해서는 우선 각성해
야 합니다. 사랑(신애의 요가)으로 깨어나든, 행위(행위의 요가)
로 깨어나든 말이지요. 그래서 비베카난다(Vivekananda)는,
지혜로 건너가기 위해 행위가 중요하다고 강조했습니다. 먼
저 일어나기 위해 몸부림치지 않고서는, 적정을 위해 고요
히 앉을 수도 없겠지요.

드러나지 않는 것에 마음이 매인 자

그들의 번뇌(어려움)는 더욱 크도다.

육신을 지닌 자가 드러나지 않는 목표에

도달하기는 어렵기 때문이다.12.5

『기타』는 브라흐만처럼 보이지 않는 추상적 관념을 통해 깨달음을 얻는 것이 어렵다는 것을 인정합니다. 육체를 가진 우리로서는, 눈에 보이는 신상이 있어야 신성함을 구체적으로 느끼기 쉽지요. 그래서 신을 상정하지 않는 지혜의 요가가 어렵습니다. 신앙 없이 수행에만 의지하니까요. 자율학습이라도 선생님이 있을 때와 없을 때는 차이가 납니다. 네팔의 사원에는 커다란 눈(지혜의 눈)이 그려져 있어 나를 지켜보는 존재가 있음을 상기시킨답니다.『기타』역시 단계적 수행에 동의합니다. 하지만 우위가 다르네요.

오직 내게만 마음을 집중하고

내게 의식을 두어라.

그러면 그대는 내 안에 거하게 되리라.

이는 의심할 바 없노라.

(그러나) 그대가 마음을

내게 확고하게 집중할 수 없다면

아르주나야, 수련의 요가로

나를 얻기를 바랄지어다.12. 8-9

수련의 요가는 마음을 집중하려는 노력을 말합니다. 반복된 훈련이지요.

수련의 요가조차 할 수 없다면,

나를 위한 행위를 최고로 삼아라.

나를 위해 행위하는 것만으로도

그대는 완성에 다다르리라.

이것조차 할 수 없다면

내 요가에 의지하여

자신을 제어한 채

모든 행위의 결과를 포기하라.12. 10-11

행위의 결과를 포기하는 것은 행위의 요가를 뜻합니다. 그런데 크리슈나를 위한 행위란 무엇일까요? 라다크리슈난(Sarvepalli Radhakrishnan)은 그것을 신에 대한 봉사로 이해합니다. 꽃과 향을 바치는 예배뿐만 아니라, 경전 낭송·사원 건설 등이 봉사가 될 수 있다고 합니다. 삼매에 이르는 집중이 가장 어렵고, 다음이 수련의 요가, 그다음이 신을 위한 봉사, 그리고 마지막이 행위의 요가 순입니다. 행위의 요가가 가장 쉽다고 하지요.

> 수련보다는 지혜가 더 낫고
> 지혜보다는 명상,
> 명상보다는 행위의 결과를
> 포기하는 것이 더 나으리라. 12. 12

위 기술에 따르면, 행위의 요가가 가장 수승합니다. 다음이 (지혜에 바탕을 둔) 명상, 그다음이 지혜, 그리고 수련의 요가가 마지막이지요. 여기서 지혜는 실체(아트만)와 실체가 아닌 것을 구별하는 분별력을 말합니다. 앞의 시구와 겹쳐 놓고 보면, 행위의 요가가 가장 쉽고 수승하다는 결론에 이릅니다. 그래서 이 대목이 지혜의 요가보다 행위의 요가가 더 빼어나다고 주장하는 근거가 됩니다.

세 요가는 하나의 가르침일까

가르침의 길이란 이성(지혜의 요가)과 감정(신애의 요가)과 행동(행위의 요가)이 함께 달리는 삼인사각인지도 모릅니다. 사람은 머리와 가슴과 발로 이뤄져 있으니까요. 그러니 세 요가를 한 가르침의 세 가지 측면으로도 볼 수 있지 않을까요? 세 요가는 실제로도 긴밀하게 묶여 있습니다. 지혜와 행위는 사랑이 동기가 되어야 하고, 행위와 사랑은 지혜를 수단으로 해야 하며, 지혜와 사랑은 행위로 드러나야 하니까요.

1) 신애가 바탕이다

신애의 요가는 수행의 동기가 됩니다. 사랑의 감정을 끌어올려 해탈로 나아가게 하니까요. 신에게 애정을 바친다고 해서, 신애의 요가가 지혜를 부정하고 감정에만 의존하는 것은 아닙니다. 신은 지혜로운 자를 사랑하거든요.

> 그들 가운데 지혜로운 자, 항상 제어되어
>
> (나) 하나만을 신애하는 자가 뛰어나다.
>
> 지혜로운 자는 나를 지극히 사랑하고
>
> 나 또한 그를 사랑하도다.7. 17

『기타』의 신애는 지혜와 상보적입니다. 신을 알기 위해 신에게 정신을 집중해야 하거든요. 끊임없이 신을 생각하는 행위는 명상이나 다를 것 없습니다. 실제로『기타』에서는 명상 주제로서 신을 내세웁니다.

모든 행위를 내게 의식적으로 내맡기고

나를 최고로 여기며

지성의 요가에 의지하여

항상 내게 마음을 두라. 18. 57

신을 사랑하기 때문에 신을 사랑하는 자(박타)는 의무의 길(행위의 요가)에도 들어섭니다. 불멸의 신도 세상의 정의(다르마)를 지키기 위해 인간(화신)으로 태어나는 노고를 마다하지 않는데, 신을 따르는 자가 의무와 봉사를 소홀히 할 수는 없지요. 진정으로 사랑하는 이를 위해, 우리는 어려운 일도 기꺼이 해내곤 합니다. 그것이 사심 없는 행위의 요가가 되지요. 또한 사랑하는 이에 대해 더 잘 알기 위해 항상 노력합니다. 그것이 지혜의 요가고요. 신애는 지혜와 행위를 닦기 위한 바탕이 됩니다.

2) 행위의 요가가 수단이다

> 지성을 갖춘 현명한 자는
>
> 행위에서 생겨난 결과를 버리고
>
> 태어남의 속박에서 해방되어
>
> 고통 없는 경지(해탈)에 이른다.2. 51

업(카르마)은 행위에서 생깁니다. 행위의 결과를 단념하면 업이 생기지 않고, 업이 생기지 않으면 윤회(태어남의 속박)에서 벗어나 해탈에 도달합니다. 수행은 결국 업을 없애는 것입니다. 행동의 결과를 포기하는 행위의 요가가 해탈에 이르는 수단이지요. 그래야 다시 태어나지 않으니까요.

3) 지혜가 궁극적 목적이다

지혜란, 세계의 실상을 보는 것입니다. 불교는 만물이 영원하지 않다는 것을 아는 것을 지혜로 보고, 힌두교는 그런 만물의 바탕에 놓인 단 하나의 영원한 실체를 아는 것을 지혜로 봅니다. 지혜의 요가뿐만 아니라 다른 두 요가도 결국은 지혜를 얻어 깨달음을 얻는 것이 목적입니다.

그러나 모든 행위를 내게 내려놓고

나를 지고로 여기며

변치 않는 요가로

나를 명상하면서 섬기는 자12. 6

'변치 않는 요가'는 신애의 요가를 말합니다. 신애의 요가뿐만 아니라, 행위의 요가도 최종적으로는 명상에 초점을 맞춥니다. 높은 지혜를 직접 얻는 방법이니까요.

어떤 자는 명상을 통해서

다른 자는 헤아림(상키야)의 요가를 통해서

또 다른 자는 행위의 요가를 통해서

자신(안)의 아트만을 본다.13. 24

'헤아림의 요가'는 상키야 철학의 세 요소론[3]을 말합니다. 라마누자는 간단히 지혜의 요가라고 정의하고요. 무슨 방법을 쓰든, 수행의 궁극적인 목표는 내면의 아트만(Self)을

---

3 '세 요소론'에 대해서는 이 책 9장의 「세 가지 요소(구나)」 참조.

보는 것이라고 『기타』는 말합니다. 우리를 깨달음으로 인도하는 지혜야말로 모든 수행의 최종 목적이지요.

4) 신이라는 도구

윤회에서 우리를 구해 줄 동아줄은 지혜·행위·신애, 세 가닥으로 되어 있습니다. 이 동아줄은 신이 내려 주지 않습니다. 즉시 구원해 준다고 장담하는 크리슈나마저도 조건을 붙이지요. 세 가닥 새끼를 꼬는 것은 결국 자신입니다.

　　신애의 요가에서 신은 사랑을 불러일으키는, 부싯돌 같은 존재입니다. 행위의 요가에서는, 행위를 내맡기는 물품 보관소나 다름없습니다. 신보다는 운명이라는 말이 더 잘 어울리지요. 지혜의 요가에서는 신이 그런 역할마저 잃어버립니다. 지혜에서 신을 말한다면, 내면의 목표 지점을 겨냥하기 위해서일 뿐이지요. 해탈로 가는 길을 닦는 데 신을 쓸지 말지는 각자의 선택입니다.

세 요가는 차별적 가르침일까

일란성 쌍둥이조차도 서로 제법 다른데, 80억이 넘는 세상 사람들 가운데 기질이나 성격이 똑같은 사람이 있을까요?

세 요가는 이렇게 다양한 이들을 위한 가르침이라고 합니다. 제각각 다른 사람에게 맞춤 수행법을 제시한다고나 할까요? 기질은 타고나고, 성격은 기질 위에 형성된다고들 합니다. 대지와 그 위에 지은 건축물에 비유할 수 있지요. 세요가가 기질과 성격에 따른 가르침이라면, 우리가 무엇을 타고나는지부터 알아야 합니다. 이에 대해서는 다음 장에서 다루겠습니다. 먼저, 그 건축물을 몇 층까지 올릴 수 있는지를 살펴보겠습니다.

1) 의식(인격) 발달에 따른 가르침

사람은 다 다르지만, 공통의 의식 발달 과정을 거칩니다. 그 발달이 종장에 이른 것을 해탈이라고 하지요. 심리학자 융(Carl Gustav Jung)은, 이 발달 과정을 인도의 차크라(cakra)로 설명했습니다. 산스크리트어로 차크라는 '바퀴'를 뜻하는데, (정신) 에너지가 집중되는 곳을 말합니다. 차크라 시스템은 한의학의 경락과 유사하지요. 수많은 차크라 가운데, 보통 일곱 개를 중시합니다. 아래에서부터 차례로 뿌리, 천골, 태양신경총[4], 가슴, 목, 미간, 그리고 정수리 차크라라고 부릅니다. 차크라 시스템을 신비주의적 관점(쿤달리니[5] 요가)이 아니라 성인 발달의 과정으로 이해하면, 세 요가와의 접점을 찾을 수 있습니다.

① 뿌리 차크라

우리 존재의 밑바탕에는 육체가 있습니다. 확고한 물질성을 띠지요. 척추 가장 아래(회음)에 있는 이 차크라는 몸이라는 토대와 삶의 현실적 기반을 상징합니다. 의식주가 해결되지 않는데, 인격을 따질 여력을 내기란 쉽지 않지요. 인간답게 살아갈 수 있게 해주는 물질적 터전이 갖춰지지 않으면, 의식의 진보는 이루어 낼 수 없습니다. 하지만 물질성에 고착하면, 돈과 몸의 쾌락에 열중하게 됩니다. 돈을 벌고 감각을 즐겁게 하는 것이 인생의 목표가 되지요. 소비를 부추기는 자본주의 사회에서, 행복을 돈으로 살 수 있다고 믿는 의식이 딱 이 수준입니다. 우리의 의식이 이 차크라에서 멈추는 것을 경계하기 위해서, 세 요가 모두 감각기관의 제어를 전제로 합니다.

---

4 신경근 또는 말초신경이 복잡하게 연결되어 형성된 그물눈 구조를 신경총이라고 한다. 태양신경총은 복강신경총이라고도 하는데, 복부 내 장기들을 관장한다.
5 쿤달리니(Kuṇḍalinī)는 '똬리를 튼 (뱀)'이라는 뜻으로, 뱀으로 형상화된 생명 에너지를 말한다.

차크라의 이름	위치	주관하는 정신 영역
뿌리	척추 가장 아래	몸의 근본 토대, 현실적 기반 (안정감·소속감 vs 완고함)
천골	신장과 생식기 부근	창조의 충동, 흐름을 따르는 능력 (풍부한 정서 vs 감정 과잉)
태양신경총	배꼽 부근	적응하고 변화하는 능력 (성공 추구 vs 자만심과 분노)
가슴	심장, 명치	사랑하는 능력(연민, 자비) (정서적인 자율성 vs 고립감)
목	인후	공간적 제약을 뛰어넘는 능력(언어구사력) (창조력·소통 vs 의사소통 왜곡)
미간	눈 사이	지성, 직관, 판단력과 감성 지능 (객관적 판단 vs 권위적 태도)
정수리	정수리(백회)	통찰력, 깨달음 (환희 vs 자기중심적)

② 천골 차크라

이 차크라는 정서와 무의식을 상징합니다. 강박증과 히스테
리로 신경증을 분류하는 라캉(Jacques Lacan)에 따르면, 이 차
크라에 고착된 사람은 히스테리 타입입니다. 해일처럼 일상
으로 범람하는 감정 때문에, 과도하게 감정적이 되곤 합니
다. 신애의 요가는 바다처럼 거대한 감정의 힘을 가슴 차크

라로 끌어올릴 수 있도록 도와줍니다. 천골 차크라를 양극성 차크라라고도 하는데, 좋고 나쁨·사랑과 증오처럼 양쪽으로 나뉘어 편파성을 띠기 때문입니다. 가슴 차크라에서는 대극(양극성, 이원성)이 없어져 자비·아가페적인 사랑처럼 무조건적이 됩니다.

③ 태양신경총 차크라

배꼽 부근에 있는 이 차크라는 적응하고 변화하는 능력을 상징합니다. 에고가 자리하는 이 차크라에 고착된 사람은 라캉이 말하는 강박 타입에 속합니다. 부와 권력, 그리고 명성 같은 세속적 욕망을 위해 부지런히 일하지요. 그 욕망의 근저에는 있는 그대로 인정받지 못한 결여가 있습니다. 수행을 해도 이런 사람은 더 높은 앎을 얻어, '위로' 올라가고 싶어합니다. 에고는 남들 보기 그럴싸한 장식품을 좋아하니까요. 진정한 '나'에게는 관심조차 없습니다. 자기를 노예처럼 부려 욕망을 채우려고만 들지요. 행위의 요가는 결과를 포기하라고 요구함으로써, 욕망을 직시하고 지금 이 순간의 자신을 인정할 기회를 줍니다. 또한 에고에게 겸손을 가르칩니다.

④ 가슴 차크라

이 차크라에 다다르면, 드디어 감정과 에고의 폭압에서 벗어납니다. 기쁨(좋음)과 슬픔(나쁨)으로 나뉘어 대립하던 감정이 하나로 통합되어 평온한 희열로 변하지요. 또한 에고가 확장되어, 나와 타인의 구별이 희미해집니다. 대극을 띠던 세상이 단일한 주제를 변주하는 하모니를 만든답니다. 나와 우리와 모두가 다르지 않다는 이 의식 수준에 도달하는 사람이 많지는 않습니다. 그저 하위의 차크라에 평생을 머물며, 나와 내 감정, 혹은 물질이라는 환영에서 빠져나오지 못하지요. 『기타』에서 셀 수 없이 지적하는 욕망은 에고 수준의 집착을 말합니다. 이 차크라에 이르지 못하면 사랑받고자, 인정받고자 하는 에고의 욕망을 놓아 버리지 못합니다.

⑤ 목 차크라

의식 수준은 차크라 순서대로 도약합니다. 하지만 하위 차크라들이 열리지 않은 상태에서도, 특정 차크라에 힘이 실릴 수 있습니다. 세속적 욕망을 추구하면 태양신경총, 예술적 작업에 몰두하면 천골 차크라가 발달한다고 하지요. 다섯번째 차크라부터는 스승들의 영역입니다만, 그 정도 의식 수준에 미치지 못해도 상위 차크라들을 계발할 수는 있습니다.

다른 사람을 가르치는 교사, 교수 등의 직업군은 이 목 차크라를 깨우기 쉽습니다만, 반대로 고갈시키기도 쉽습니다. 이 차크라는 진실을 표현하는 능력과 경청하는 힘을 상징합니다. 또한 명상에 몰입하는 정신력이기도 합니다. 필연적으로 지혜의 요가를 뒷받침하지요. 수행에 침묵이 중요한 이유는, 이 차크라의 힘을 보존해야 명상으로 지혜를 얻을 수 있기 때문입니다.

⑥ 미간 차크라

신비주의자들은 우선 미간 차크라를 깨우려 노력합니다. 다른 차크라보다 깨우기 쉽다나요. 이 차크라의 별칭은 '지혜의 연꽃'(지혜를 주는 연꽃)입니다. 지혜의 요가가 목표로 하는 지혜와 통찰이 나오는 의식 수준이지요. 삶에 객관성과 직관력을 부여하기 때문에, 낮은 의식 수준에서 나오는 부정적인 감정과 욕망을 상쇄합니다. 진정한 지혜의 힘이랄까요?

⑦ 정수리 차크라

우주의 에너지가 몸으로 들어오는 관문이라고 하지요. 완전한 영적 지혜를 상징합니다. 언어가 닿을 수 없는 깨달음의 의식 수준입니다.

2) 단계적이지만 순서는 없다

의식의 도약에는 단계가 있지만, 의식의 발달에는 순서가 없다는 것을 차크라 시스템이 알려 줍니다. 아래에서부터 차례로 차크라가 열릴 때마다, 우리는 전혀 다른 인격으로 도약합니다. 하지만 하위 차크라가 열리지 않은 상태에서도 상위 차크라는 발달할 수 있거든요. 차크라가 완전히 열리는 것과 특정 차크라만 발달하는 것은 차이가 있습니다. 지혜는 미간 차크라의 의식 수준에서 우세해지지만, 의식 수준이 낮더라도 지혜를 발달시킬 수 없는 것은 아닙니다. 오히려 의식 수준을 끌어올리기 위해서라도 지혜의 요가가 절실하지요.

때와 장소에 따른 선택

세 가지 요가 가운데 무엇이 수승한가를 따지는 것은 의미가 없습니다. 지적인 성향의 사람에게는 지혜의 요가가, 동적인 사람에게는 행위의 요가가, 그리고 정서적인 사람에게는 신애의 요가가 적합할 뿐이지요. 또한 상황별, 시기별로도 각기 다른 가르침을 따를 수 있습니다. 직장에서는 결과에 대해 무심한 행위의 요가를, 가족에게는 대가 없이 베푸는 신애의 요가를, 홀로 있을 때는 생각을 가라앉히는 지혜의 요가를 행하면 되니까요. 그리고 청년 시절에는 활발한 사회참여를 위해 행위의 요가를, 중·장년 시절에는 가정을 챙기는 신애의 요가를, 노년 시절에는 삶의 의미를 고찰하는 지혜의 요가를 닦을 수 있습니다. 세 요가는 사실 하나의 가르침인데, 그것을 애써 분리하는지도 모릅니다. 행위를 하는 이유는 나와 내가 사랑하는 이들을 위해서이고, 행위를 하기 전에 차분히 생각해 보는 것이 지혜이며, 행위를 할 때는 마음을 집중해야 하니까요. 해탈을 위한 가르침은 원래 부분이 아니라 전체입니다.

세 가지 요가는 삶을 대하는 우리의 태도를 결정합니다. 출가자 전통에 뿌리를 두는 지혜의 요가는 세상에서 한발 물러선 관조적인 태도를 지향합니다. 거리를 두면 비극도 희극이 되고, 보이지 않던 것도 보이기 마련이지요. 삶을 관찰자로서 바라보는 입장입니다. 반면 세상을 감싸 안는 신애의 요가는 충만한 사랑으로 세상을 관통하는 태도를 취합니다. 세상이라는 바다에 뛰어들어 직접 파도를 느끼는 방법이지요. 내 의지를 거슬러 일어나는 모든 일을 신의 손길로 받아들이면서요. 재가자 전통에 뿌리를 둔 행위의 요가는 관조와 관통, 그 중간에 위치합니다. 세상 일에 관여하지만, 결과로부터는 발을 빼지요. 신애의 요가처럼 세상에 들어가지만, 수영을 하지 않고 튜브에 몸을 실은 채로 지혜의 요가처럼 자신을 관찰하는 것입니다.

시대에 따른 선택

인도인의 일상에 뿌리내리기는 했지만, 제사는 해탈의 수단으로 그리 높게 평가되지 않았습니다. 카르마의 의미를 제식 행위에서 일상 행위로 확대해도 중요성이 더해지지는 않았지요. 전통적으로 행위의 길은 지혜의 길보다 열등한 것으로 여겨졌습니다. 아직 자의식에 얽매인 사람이 지혜의 길에 앞서 닦는 수행으로 생각했답니다. 이렇게 부수적인 성격을 지닌 행위의 요가를 빼어난 가르침으로 자리매김한 이들은 차테르지[6], 오로빈도[7], 틸락[8], 간디 등 인도의 독립운

---

6 차테르지(Bankim Chandra Chatterji, 1838~1894) : 근대 벵골 문학의 아버지. 인도의 국가(國歌)나 다름없는 「완데 마타람」(Vande Mataram)을 지은 사상가이다.

동가입니다. 틸락은 고단한 투쟁의 삶 가운데 감옥에서『신성한 바가와드 기타의 비밀』(*Śrīmad Bhagavad Gītā Rahasya*)이라는 책을 썼습니다.『기타』가 행위를 가장 중시한다고 해석한 것이지요. 대가를 바라지 않고 행하는 사람은 출가한 사람과 차이가 없다고 틸락은 보았습니다. 영국에 맞서 투쟁을 조직해 내야 했던 그로서는, 당장의 행동을 필요로 할 수밖에 없었겠지요. 엄중한 시대와 상황 속에서 즉시 뭔가를 행해야 할 때도 있는 법입니다. 버마에서 군부의 총칼 앞에 선 이들 가운데에는 지혜를 닦는 승려도 있었습니다. 인간으로서 마땅히 해야 하는 행동, 그것이 행위의 요가인지도 모릅니다. 틸락은 자신의 삶을 독립운동에 희생하여, 의무(행위)의 길을 걸었습니다.

---

7 오로빈도(Aurobindo Gosh, 1872~1950) : 1910년경까지 독립운동을 하다가, 폰디체리에 은둔한 뒤로는 종교사상가로 변모했다. 서양사상을 비판하고, '통합 요가'(Integral yoga)를 창시했다.
8 스와라지(Swaraji : 독립)와 스와데쉬(Swadeshi : 국산품 애용) 운동을 기초한 독립운동가. 후에 간디가 그의 운동을 이어받았다.

9장 _ 내 밭에 물 대기

밭과 밭을 아는 자

『바가와드 기타』는 6파 철학 가운데 하나인 상키야(Sāṃkhya)를 바탕으로 삼았습니다. 상키야는 정신 원리인 푸루샤와 물질 원리인 프라크리티로 세상이 이루어져 있다고 주장하는 이원론 철학이지요.『기타』는 신의 열등한 속성으로 프라크리티를, 신의 우월한 속성으로 푸루샤를 두어 일신론 안에 상키야의 이원론을 받아들였습니다.

> 쿤티의 아들아, 이 몸은 '밭'이라 부르며
>
> 이것(몸)을 아는 자는
>
> '밭을 아는 자'라고

이에 대해 아는 사람들은 말한다.13.1

『기타』는 물질인 프라크리티를 밭(인식의 대상), 정신인 푸루샤를 밭을 아는 자(인식의 주체)로 칭합니다. 밭은 인식의 객체인 물질을 말합니다. 이 대상을 파악해서 아는 자, 즉 밭을 아는 자는 인식의 주체인 정신을 가리킵니다. 정신이 지식의 대상인 물질을 파악하여 앎(지식)을 가져오지요. 지식을 가져오는 정신은 바로 의식을 말합니다. 의식은 대상을 빛처럼 비추어 앎을 드러냅니다. 그 의식(인식자)을 『기타』는 아트만으로 간주합니다. 우리 안에 있는 신성 덕분에, 의식이 생겨난다는 뜻이지요.

나 또한, 바라타족의 후예야
밭을 아는 자이지만, 모든 밭을 아는 자라고 여겨야 한다.
밭과 밭을 아는 자에 대한 지혜를
나는 (진정한) 지혜로 간주하노라.13.2

크리슈나는 모든 존재 속에 있는 신성(아트만)으로서, 모든 인식 대상(밭)을 아는 전지적 존재입니다. 또한 참된 지혜는 인식 대상(외부 세상)에 대한 앎이 아니라, 인식자(내면의 아트만)에 대한 앎입니다. 잡다한 지식보다, 지식을 가져오는 힘 자체에 대해 아는 것이 훨씬 중요하니까요.

세 가지 요소(구나)

상키야에서는 물질(프라크리티)이 세 가지 구성요소(구나)로 이루어져 있다고 주장합니다. 선과 기쁨을 생성하는 삿트와(sattva), 행위와 고통을 일으키는 라자스(rajas), 그리고 무지와 나태로 이끄는 타마스(tamas)가 이 세 가지입니다. 삿트와는 대상을 비추어 앎을 가져오고, 라자스는 행동을 일으키며, 타마스는 무기력하게 만드는 기능을 지니고 있습니다. 인도의 창조론에 따르면, 원소와 비슷한 개념인 세 요소로 세상 만물이 구성되어 있지요.

> 땅에서든 하늘의 신들 가운데서든
> 물질(프라크리티)에서 생기는
> 이 세 가지 요소로부터
> 벗어난 존재는 없도다.18. 40

> 삿트와, 라자스, 타마스라는 성질은

물질(프라크리티)로부터 생긴 것이며,

몸에 깃든 불멸의 주인(아트만)을

육신에 묶는다, 큰 완력을 지닌 자야.

그 가운데 삿트와는 순결하기 때문에

밝게 비추며 평안하지만,

행복(안락)에 대한 집착과 지혜에 대한 집착을 통해

(몸의 주인을) 속박한다, 티 없는 이야.

라자스는 애욕이 본성이며

갈망과 집착에서 생겨난 것임을 알아라.

그것은 행위에 대한 집착을 통해

몸의 주인을 속박한다, 쿤티의 아들아.

타마스는 무지로부터 생기며

몸의 주인을 모두 미혹한다는 것을 알아라.

그것은 태만(부주의)과 게으름,

그리고 잠을 통해 속박한다, 바라타족의 후예야.

삿트와는 행복에 집착하고,

라자스는 행위에 집착한다, 아르주나야.

그러나 타마스는 지혜를 덮으면서

태만에 집착한다. 14. 5-9

세 요소는 심리적인 상태를 나타냅니다. 라자스는 프로이트가 말한 리비도의 개념과 비슷합니다.[1] 성적 충동이 행동을 일으키는 심리적 에너지로 전환되니까요. 삿트와는 긍정적이고 이상적인 상태를, 타마스는 그 상태를 방해하는 저항 혹은 장애요소를 말합니다. 심리적인 역동을 세 요소로 설명한다고도 볼 수 있지요.

삿트와는 라자스와 타마스를

누르면 생기고,

라자스는 바로 삿트와와 타마스를,

타마스는 삿트와와 라자스를 누르면 생긴다.

이 몸에 있는

---

1 라마누자에 따르면, 애욕(rāga)은 남녀가 서로에게 품는 욕구이다.

모든 문(감각기관)에서

지혜의 광명이 생기면,

삿트와가 우세함을 알지어다.

라자스가 우세하면

탐욕, 활동, 행위의 시작,

평온하지 않음(불안), 희구

같은 것들이 생긴다, 바라타족의 황소야.

타마스가 늘어나면

어둠, 활동 없음, 태만, 그리고 어리석음

같은 것들이 생긴다,

쿠루족의 기쁨아.14. 10-13

좋은 행위의 열매는

삿트와 성질을 지닌 순수한 것이라고 한다.

그러나 라자스의 열매는 괴로움이고

타마스의 열매는 무지니라.

삿트와로부터는 지혜가 생기며,

라자스로부터는 탐욕이,

타마스로부터는 태만과 어리석음,

그리고 무지가 생긴다. 14. 16-17

『기타』에서는 세 요소의 배분에 따라 사람의 기질이 결정된다고 주장합니다. 심리적 상태뿐만 아니라, 타고난 기질도 세 요소로 설명하지요. 삿트와가 강하면 현명하고, 라자스가 강하면 활동적이며, 타마스가 강하면 게으릅니다. 삿트와가 우세한 사람은 지혜롭고, 라자스가 우세한 사람은 탐욕스러우며, 타마스가 우세한 사람은 어리석습니다. 지혜의 요가는 삿트와가 우세한 이에게, 행위의 요가는 라자스가 우세한 이에게, 그리고 신애의 요가는 타마스가 우세한 이에게 적합하지요. 하지만 자신에게 적합한 요가를 선택하더라도, 나머지 두 요가의 보조를 받는 것이 현명합니다.

기질에 따른 가르침

기질(요소 배분)에 따라 사람은 앎의 내용과 행동의 방식이 다릅니다. 기질이 다르니, 서로 다른 지식을 쌓고 서로 다른 행동을 하는 것은 당연하지요. 삼라만상의 다원성을 있는 그대로 파악한다면, 라자스적인 앎입니다. 제각각인 존재들을 통합해서 하나의 전체성(일원론)을 깨닫는다면, 삿트와적인 앎이고요. 장님 코끼리 만지듯이, 하나만 보고 성급하게 일반화를 저지른다면, 타마스적인 앎입니다.

상키야의 요소론은

요소의 차이에 따라

앎과 행위와 행위자가 세 종류라고 하느니라.

이에 대해 있는 그대로 들어 보아라.

모든 존재 가운데 불변하는 하나를,

나뉜 것들 속에서

나뉘지 않은 것을 본다면

그런 앎은 삿트와적인 앎으로 알아라.

그러나 모든 존재에서

각각의 성질에 따라

제각기 다양한 양태를 본다면

라자스적인 앎으로 알아라.

또한 근거 없이 하나의 결과에 집착하여

사실이 아닌 사소한 것을

전부로 아는 것은

타마스적인 앎이라고 한다. 18. 19~22

원하는 결과를 얻기 위해 애쓰는 것은 라자스적인 행동입니다. 같은 일을 해도 집착 없이 행하면 삿트와적인 행동이 되지요. 생각 없이 저지르는 것은 타마스적인 행동입니다. 일의 성패에 따라 기뻐하고 슬퍼하는 사람은 라자스적인 행위자입니다. 자의식 없이 결과에 연연하지 않고 행하는 사람은 삿트와적인 행위자고요. 비열하고 게으르게 일을 추진하여, 죽도 밥도 아니게 만드는 사람은 타마스적인 행위자입니다.

결과를 탐하지 않는 자가

정해진 일을 집착 없이,

애착과 미움 없이 행하는 것을

삿트와적인 행위라고 한다.

그러나 욕망을 좇는 자

혹은 자의식이 가득한 자가
많은 노력으로 행한 행위는
라자스적인 행위라고 한다.

뒤따르는 결과, 손실, 폭력,
그리고 능력을 고려하지 않고
어리석음으로 행한 일은
타마스적인 행위라고 한다.

집착에서 벗어나 '나'를 말하지 않으며
인내와 힘을 지니고
성공과 실패에 개의치 않는 행위자는
삿트와적인 행위자라고 부른다.

애착이 있고 행위의 결과를 구하며
탐욕스럽고 폭력적이고 순수하지 않으며
기쁨과 슬픔에 매인 행위자는
라자스적인 행위자라고 부른다.

제멋대로이고 저속하고 완고하며,

사특하고 비열하고 게으를뿐더러

기죽어 질질 끄는 행위자는

타마스적인 행위자라고 부른다. 18. 23~28

요소를 초월하면 브라흐만(해탈)에 이를 수 있다고 『기타』는 말합니다. 주체인 행위자가 따로 없이, 그저 요소들이 움직일 뿐이라는 것을 알면 깨달음을 얻는다고요. 초연한 태도로 만사를 동등하게 대하면, 요소를 넘어설 수 있다고 합니다.

그러나 기질과 행위의 몫에 대해 진실을 아는 자는,

큰 완력을 지닌 이야,

요소들이 요소들에 작용한다고 생각하며

(행위에) 집착하지 않는다. 3. 28

요소들 외에는 행위자가 없음을 보는 자는

(제대로) 보는 것이며,

요소들 너머의 것을 알면

그는 내 경지에 이르느니라.

몸의 주인(아트만)은

육신에서 생긴 이 세 요소를 건너

태어남과 죽음, 늙음과 고통을 벗어나

불사를 누린다.

아르주나가 말했습니다.

주님이시여, 어떤 특징으로

이 세 요소를 초월했음을 알 수 있습니까?

행실은 어떠합니까?

그리고 어떻게 이 세 요소를 초월합니까?

존귀한 주께서 말씀하셨습니다.

빛과 활동, 그리고 어리석음이 생길 때

(세 요소를 초월한) 그는 싫어하지 않으며,

그런 것이 사라지는 것을

갈구하지도 않는다, 판두의 아들아.

초연히 앉아 요소 때문에

동요하지 않는 자,

요소만 작용할 뿐이라고 여겨

굳게 서서 흔들리지 않는 자

고통과 기쁨이 같고 자신 안에 머물며,

흙덩이와 돌과 황금을 똑같이 여기는 자

좋아하는 것과 싫어하는 것이 동등한 자

현명하고 자신에 대한 비난과 칭찬이 다르지 않은 자

존경과 모욕이 같고

아군과 적군이 같으며

시작한 일을 모두 포기한 자,

그런 자가 요소를 초월한 자라고 불린다. 14. 19~25

물질과 정신의 빅뱅 이후, 전변설

물질(프라크리티)과 정신(푸루샤)은

둘 다 시초가 없다고 알아라.

또한 변화와 요소는

물질로부터 생겨난다는 것을 알아라. 13. 19

프라크리티가 전개되어 세상 만물이 이루어졌다고 하는 상키야의 전변설 역시『기타』안에 들어 있습니다[2]. 인간의 심리와 기질, 나아가 세상 만물의 특성을 설명하기 위해 고안해 낸 척도가 세 요소론이니까요. 전변설은 프라크리티 안에서 평형을 이루고 있던 세 요소의 균형이 깨지면서 세상이 창조되었다는 이론입니다. 정신인 푸루샤가 물질인 프라크리티 속에 심어지면, 가장 먼저 붓디(buddhi 혹은 마하트[mahat])가 생겨납니다. 프라크리티의 첫번째 산물인 붓디는 샷트와·라자스·타마스, 세 요소를 모두 지니고 있습니다. 보통 '지성'으로 번역되지요. 무엇을 확인하고 결정하는 지적 역할이 붓디(지성)의 기능입니다.

> 나아갈 때와 물러날 때, 할 때와 하지 말아야 때,
>
> 두려워할 때와 두려워하지 않을 때,
>
> 그리고 속박과 해탈을 아는 지성은
>
> 샷트와적인 것이다, 프리타의 아들아.

---

2 『기타』에서 설명하는 상키야의 전변론은, 『마하바라타』12권에서 설명하는 것과 차이를 보인다.

옳은 일(다르마)과 옳지 못한 일,

그리고 할 일과 하지 않을 일을

그릇되게 아는 지성은

라자스적인 것이다, 프리타의 아들아.

타마스로 덮여

옳지 않은 일을 옳은 일이라고 생각하며

모든 일을 왜곡하여 생각하는 지성은

타마스적인 것이다, 프리타의 아들아.18. 30-32

붓디(지성)에서 생겨나는 아항카라(ahaṃkāra)는 자의식(ego, 개별 의식)을 말합니다. 나와 타자를 구별하고, 자기애를 일으키지요. 『기타』는 자의식을 극복해야 한다고 말합니다. 자의식은 무엇을 행하는 '나', 즉 주체를 내세우거든요. 자의식에 삿트와 요소가 우세하면 덕 있는 행동을, 라자스 요소가 우세하면 탐욕스러운 행동을, 그리고 타마스 요소가 우세하면 무관심한 행동을 합니다. 그리고 자의식으로부터 두 가지 경로의 전개가 일어나 세상 만물이 생겨나지요. 자의식의 삿트와적인 측면에서 마나스(의근, 감각기관의 문지기), 다섯 가지 감각기관(시각, 청각, 후각, 미각, 촉각), 그리고 다섯

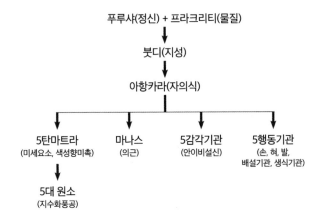

상키야의 전변설

푸루샤(정신) + 프라크리티(물질)

↓

붓디(지성)

↓

아항카라(자의식)

5탄마트라
(미세요소, 색성향미촉)

마나스
(의근)

5감각기관
(안이비설신)

5행동기관
(손, 혀, 발,
배설기관, 생식기관)

5대 원소
(지수화풍공)

가지 행동기관(손, 혀, 발, 배설기관, 생식기관)이 나옵니다. 타마스적인 측면에서는 5종의 탄마트라(미세요소)가 나오고요. 라자스는 이 두 가지 전개에 모두 동력을 부여합니다. 그리고 원자쯤 되는 5종의 미세요소(색, 소리, 냄새, 맛, 접촉의 감각요소)가 서로 혼합되어, 분자쯤 되는 5대 원소(흙, 물, 불, 바람, 공空)를 이룹니다. 세 요소론은 일자(一者)로부터 만물이 유출되었다는, 고대 그리스 철학자 플로티노스의 견해와도 비슷합니다. 정신 때문에 물질이 전개되었다는 주장에서 그러합니다. 먼저 생긴 것일수록 순수하다는 개념도 유사하고요.

지성과 자의식, 그리고 지각·인식을 담당하는 마나스(의근)를 내적 기관이라고 합니다. 프라크리티로부터 전개된 23개와 푸루샤·프라크리티를 합쳐 총 25개의 원리는 심리적인 경험에 토대를 둡니다. 물자체의 실제 세계가 아니라, 오감으로 지각하는 인식을 바탕으로 한 경험 세계를 그리고 있다는 뜻입니다. 우리의 의식 세계 밖에 '객관적인' 뭔가가 정말 있는지는 알 수 없지요.

전쟁을 어떻게 해석할 것인가

1) 마음의 전쟁

틸락의 투쟁을 이어받은 마하트마 간디는 비폭력(아힝사) 무저항이라는 힌두의 정신으로 독립운동을 이끌었습니다. 그는 평생『기타』를 손에서 놓지 않았을뿐더러,『기타』의 해설서까지 남겼지요. 영국의 폭압에 비폭력으로 맞섰던 간디에게는, 신이 친족 살육을 명하는『기타』가 불편했을 것입니다. 불멸의 영혼(아트만)은 죽지 않으니, 육신을 죽여도 된다는 크리슈나의 말이 살인에 면벌부를 주니까요. 오히려 간디는『기타』가 비폭력을 가르친다고 확신했습니다. 사촌 간에 벌어지는 전쟁이 실은 마음의 전쟁이라고 하면서요. 전쟁터 쿠룩셰트라(쿠루+크셰트라)에서 '들판'으로 번역되는 '크셰트라'는 '몸'을 뜻하기도, '마음'을 뜻하기도 합니다. 따라서 이 전쟁은 실제 일어난 것이 아니라, 마음에서 일어난 것으로 해석할 수도 있습니다. 아르주나의 마음속에서 일어난 다르마(법도)의 혼란(무엇이 옳은가?)을 일촉즉발의 전쟁에 비유했다고요. 아르주나와 크리슈나의 대화는 명상 중에 일어난 갈등으로 여겨집니다. 무엇이 정도인가를 결정하기 위해 마음속에서 치열하게 번민하는 것이지요. 그 번민을 이끌어 주는 것은 신의 지혜뿐입니다. 18일간의 잔인한 동족 상잔을 마음의 갈등으로 해석함으로써, 간디는 자신의 비폭력 사상을 『기타』로 뒷받침할 수 있었습니다. 『기타』가 보여 주는 심오한 통찰은 쿠룩셰트라가 전쟁터가 아닌, 마음이라는 해석에 힘을 실어 줍니다. 『마하바라타』에 묘사된 사촌 간의 왕권 다툼이 실제 벌어졌다면, 피와 살이 튀는 진짜 전쟁터에서 이렇게 한가한 갈등이 일어나지는 않았겠지요.

2) 선악의 투쟁

오형제와 백형제의 싸움을, 선과 악의 대결로 해석하기도 합니다. 백형제의 맏형인 두료다나가 말세의 신 칼리의 화신[3]이고, 나머지 형제들은 인육을 먹는 나찰이라는 주장도 있답니다. 선악이 다르지 않다고 보는 인도 사상에서 오형제를 선, 백형제를 악으로 보는 이분법은 단순하다 못해 유치합니다. 악은 어리석음의 결과이므로, 마땅히 우리는 선을 위해 투쟁해야 합니다. 하지만 전체를 이루는 양극단이 선과 악인데, 어떻게 선악을 분리할 수 있을까요? 게다가 오형제든 백형제든, 어느 쪽도 선하지만은 않습니다. 사실 온갖 술수와 속임수를 서슴없이 쓴 쪽은 오히려 오형제였습니다. 정의는 승자를 따르고요. 쿠루의 들판에서 일어난 전쟁은 선악의 투쟁이라고 보기 어렵습니다.

3) 물질과 정신의 투쟁

오형제가 숲에서 12년 고행을 하는 동안, 왕국을 통째로 차지한 백형제는 영화를 누립니다. 향락에 찌든 백형제를 물질, 크샤트리야의 본분을 잊지 않은 오형제를 정신으로 보아 이 전쟁을 물질과 정신의 헤게모니 투쟁으로 보기도 합니다. 『기타』에서 크리슈나는 아르주나에게 "그대는 단지 도구가 되어라"11.33라고 설파합니다. 누구 혹은 무엇의 도

---

3 네 시대(유가)의 끝인 말세를 의인화한 신이 칼리다. 도덕이 무너진 시대의 특성을 사악한 인격으로 드러낸다.

구일까요? 백형제가 파멸을 맞은 이유는, 쾌락에 젖어 지낸 과거의 업 때문이라고 합니다. 세속적 욕망을 추구했으니, 그 대가를 치를 뿐이라고요. 오형제는 업을 실행하는 도구일 뿐, 의지를 지니고 사촌을 도륙하는 주체가 아니라는 뜻이기도 합니다. 하지만 유배 전에 맏형 유디슈티라가 왕이었을 무렵, 오형제는 정복 전쟁으로 엄청난 부를 긁어모았습니다. 아르주나의 별칭이 다난자야(dhanaṃjaya, 싸워서 부를 얻은 자)라는 것만 봐도 알 수 있지요. 그렇게 쌓아 올린 부로 으리으리한 궁전도 짓고, 유디슈티라가 패왕이라고 선포하는 말 제사[4]도 올립니다. 그런데 오형제만 부와 쾌락에 초연했다고 볼 수 있을까요? 게다가 부와 권력과 쾌락을 추구할 수 있는 가장기에 욕망을 따른 것이, 백형제가 파멸을 맞을 이유가 될까요? 물질이 주는 쾌락을 즐기다가는 자업자득으로 망한다는 교훈을 주기 위해서라면, 등장인물을 잘못 고른 셈입니다.

어쨌거나 삶을 지배하는 물질적 영향력으로부터 풀려

---

4 백마 한 마리를 풀어놓고 가고 싶은 대로 가게 한 다음, 일 년 뒤에 그 말을 잡아 제물로 바치는 제사를 말한다. 풀어놓은 말을 보호하기 위해 군대를 딸려 보냈다. 말이 국경을 넘으면 군대도 함께 넘었기 때문에, 주변국을 제패한 패왕이 아니면 지낼 수 없는 제사였다.

나지 않으면, 영혼은 도약할 수 없습니다. 뿌리 차크라에 고착되어, 영원히 물질의 감옥에 갇히게 되니까요.

4) 에고와 참나의 투쟁

에고는 자신이 체험의 주체라며 끊임없이 나대곤 합니다. 신경과학자 다마지오(Antonio Damasio)는 에고가 이차적 관념이라고 주장하지요. "우리 몸이 특정 대상과 상호작용하고 있다는 사실에 대한 지식"다마지오, 『스피노자의 뇌』, 249쪽이 에고라고 합니다. 몸은 '내가' 뭘 했다고 내세우지 않는데, 몸이 한 일을 알고 있는 에고가 그 공을 가로챈다는 뜻입니다. 에고가 의식적으로 선택을 하기 전에 이미 선택이 내려졌다는 증거가 뇌에 나타난다고 하지요.[5] 몸이 한 일을 제가 한 것처럼 속임으로써, 에고는 진짜를 가립니다. 그렇다면 진짜는 몸일까요? 몸을 움직이는 것은 또 무엇일까요? 경험적 자아(내가 '나'라고 믿는 것)의 뒤에, 선험적 자아(불변의 참나)라고 할 만한 것이 과연 있을까요? 불교가 '없다'라는 답을 내릴 때, 힌두교는 아트만을 거론하며 '있다'라고 답합니다.

---

5 심리학자 벤저민 리벳(Benjamin Libet)의 자유의지 실험. 자유의지를 부정하는 결과라고 해석하기에는 논란이 많다.

『기타』는 "자신(ego)을 이기고 고요함에" 이르러, "추위와 더위, 즐거움과 괴로움, 칭송과 비난에도 한결같이 평온"[6.7]한 지고의 참나(Self)를 깨달아야 한다고 갈파합니다. 쿠루의 들판에서 벌어진 전쟁은, 이 맥락에서 보면 에고와 참나의 투쟁입니다. 진정한 자기(Self)를 알지 못하고 에고의 욕망에 휩쓸린 백형제와, 거짓된 나(ego)를 버리고 참나에 도달하고자 하는 오형제는 각각 에고와 참나를 표상합니다. 이 투쟁에서 승리하여 에고의 구속에서 풀려나지 않으면, 영혼은 참나를 향해 갈 수 없습니다. 왕권을 위해 싸운 것은 오형제나 백형제나 마찬가지인데, 왜 오형제만 참나를 상징하느냐고요? 이 서사시 전체를 에고와 참나의 투쟁으로 보면, 사촌지간에 차이가 있습니다. 자의든 타의든 오형제는 긴 유배를 견디거든요. 인간은 고난을 통해서만 성장하기 마련입니다. 날벼락 같은 운명에 저항하고 좌절하면서, 에고는 점차 자신보다 큰 존재(참나)에 복종하기 시작합니다. 왕권이라는 세속적 욕망이 전장에서 충돌한 것은, 오형제와 백형제 모두 에고의 욕망에 따랐기 때문입니다. 하지만 쿠룩셰트라 전쟁을 기점으로, 오형제의 내면에서 참나가 에고를 누르기 시작합니다. 가슴 차크라 밑에는 '소망의 나무'라는 부차적 차크라가 있다고 합니다. 태양신경총 차크라에서 불타오르던 에고의 욕망이, 진실한 바람으로 승화되는 자리라고 하지요. 왕국이 내 것이라는 에고의 탐욕이 정화되어, 나라를 다스리고 싶다는 진실한 소망으로 발전합니다. 전쟁이 일어나기 전, 오형제의 맏이 유디슈티라의 바람은 크샤트리야로서 다스릴 마을 하나면 족하다는 것이었습니다. 그 바람마저 거절당했기 때문에 전쟁이 발발하지요. 욕망과 소망이 맞부딪친 전쟁에서 승리한 것은 소망이었습니다. 전쟁 후에 오형제의 참나는, 완전히 에고를 굴복시킵니다. 그들의 의식은 가슴 차크라에 도달했고, 더이상 에고의 욕심이 아닌 참나의 가르침에 따라 자신이 아닌 세상을 위해 나라를 다스리게 됩니다. 이 서사시의 끝으로 갈수록, 오형제의 의식 수준은 높아집니다. 높은 지혜를 얻기 위해(미간 차크라에 도달하기 위해) 그들은 나라를 넘겨주고 수행길에 오르거든요. 마침내 시험을 통과한 오형제는 하늘나라에서 영원한 복락을 누렸다고 합니다. 참나(정수리 차크라)라는 천국에 도달한 것이지요.

5) 영혼의 투쟁

신비주의자들이 가장 선호하는 해석은 『기타』를 영혼의 투쟁을 상징하는 알레고리로 보는 것입니다. 크리슈나의 가르침을 받는 아르주나는 도약을 앞둔 영혼이고, 백형제의 수장 두료다나는 질투와 자부심이라는 내면의 적이라고요. 오형제 편에 선 전사들은 선한 자질, 백형제 편에 선 전사들은 악한 자질을 상징합니다. 내면의 선한 자질이 악한 자질을 물리쳐야, 우리의 영혼은 진화할 수 있다고 합니다. 그 진화의 끝에는 깨달음이 있지요. 인간의 마음속에서는, 갖가지 자질의 씨앗이 싹을 틔웁니다. 이 마음의 밭에서 선한 자질들이 잘 자라게 하기 위해서는, 악한 자질들을 솎아 주어야 하지요.

영혼이 진보한다는 생각은 여러 종교에서 발견됩니다. 앞에서 본 에고와 참나의 투쟁도 영혼의 진화 과정이고요. 진화를 위해 고통은 필수불가결합니다. 인간은 고통이 아니면 배우지 못하니까요. 영혼의 진화는 비전(祕傳)적 가르침에 속합니다. 비전은 말로 설명할 수 없고 소수만 이해할 수 있는 가르침이기 때문에, 알레고리로 전할 수밖에 없지요. 아르주나가 쿠루의 들판에서 무기를 떨어뜨리고 주저앉은 사건 자체가 영혼이 시험을 당하는 '영혼의 어두운 밤'을 표상합니다. 절망과 고뇌의 밤을 견디지 못하면, 영혼은 여명의 빛을 볼 수 없습니다. 『기타』역시 영혼의 진화 방법을 속삭이는 비전이자 알레고리입니다. 비전은 문자 그대로 받아들이면 오해하기 쉽지요. 그렇기 때문에『기타』는 엄중히 경고합니다. 준비가 되지 않은 사람에게 가르침을 전하지 말라고요.

그대는 이것(『기타』의 가르침)을

고행하지 않는 자, 신애하지 않는 자,

들으려 하지 않는 자, 또한 나를 헐뜯는 자에게는

어떤 경우에도 말하지 말라.18. 67

힌두교에서는 영혼이 윤회를 거듭하며 정화되어, 마침내 순순한 상태(해탈)에 도달한다고 합니다. 영혼의 정(淨)·부정(不淨)에 따라, 신분과 기질과 운명이 정해진다는 뜻도 됩니다. 영혼이 저마다 다른 상태에 있다면, 이는 곧 영혼에도 계급이 있다는 말과 다름없습니다. 세 요소론은 만물의 정과 부정뿐만 아니라, 영혼의 진보를 재는 척도지요. 정말 우리의 영혼에 등급이 있을까요? "활력, 인내, 강건함, 순수함, 악의 없음, 자만하지 않음"16. 3 등은 정화된 영혼의 특징이고, "과시, 오만, 자만, 분노, 폭언, 무지"16. 4 따위는 불결한 영혼의 특징일까요? 영혼에까지 신분제를 적용시키는 이러한 기술은 다분히 이데올로기적입니다. 타고난 신분과 환경의 근거로 전생의 업을 들먹이는 것도 모자라, 영혼에 더럽다·깨끗하다 딱지를 붙이니까요. 고귀한 영혼이라서 고귀하게 태어난다는 중세적 사고가 인도에서는 현대까지 이어지고 있습니다. 붓다가 불가촉천민을 제자로 받은지 2천 년이 훨씬 넘었는데도요.

인간의 영혼에는 계급이 없습니다. 영혼이 존재한다면 말이지요. 다만 한 영혼(인격) 안에 다양한 의식의 스펙트럼이 있을 뿐입니다. 상황과 조건에 따라 의식 수준이 달라진다고 할까요? 직장 부하에게 일삼아 폭언을 퍼부으며 화를 내곤 하는 사람도, 가족에게는 다정하고 인내심이 넘칠 수 있으니까요. 사람의 수준은 그가 대부분 머무는 의식 상태로 가늠해야 합니다. 인간은 환경에 따라 천사도 악마도 될 수 있지만, 주어진 조건에 따라 반응만 하는 수동적 존재는 아니거든요. 절망·불안·분노처럼 낮은 의식에서부터 용서·이해·평온처럼 높은 의식까지, 마음이 주로 머무는 감정이 각자의 의식 수준입니다. 의식 수준이 고차원의 (무조건적인) 사랑, 희열, 평화를 넘어 깨달음까지 올라가면 해탈을 얻지요. 성자가 되든 범죄자가 되든, 우리는 스스로의 선택에 따라 자기 의식의 주파수를 조절할 뿐입니다. 신애의 요가가 강력한 힘을 발휘하는 이유는, 사랑이라는 감정이

지니는 진동수 자체가 높기 때문이지요. 가장 비참한 상황에서도 우리를 구원하는 것은 고귀한 사랑입니다.

영원히 여성적인 것이

우리를 이끌어 올리노라.

괴테, 『파우스트』, 473쪽

이원성의 전쟁

1) 좌뇌 영화관

인간의 좌뇌는 대립쌍을 창조하고 범주화해야 인식을 할 수 있다고 합니다. "분별하는 행위가 곧 반대극을 창조하는 행위이기 때문"나이바우어, 『하마터면 깨달을 뻔』, 46쪽.이지요. 악이 없으면 선도 없다는 뜻입니다. 대립하는 양극은 허상이지만, 좌뇌가 세상을 이원적으로 해석하는 것을 우리가 통제할 수는 없습니다. 좌뇌를 지니고 있는 한, 이원성의 환영을 피할 길이 없지요.

좋아함과 싫어함에서 생겨나는

대립성(이원성)에 미혹되어, 바라타족의 후예야

온 존재는 태어날 때 어리석음에 빠진다,

적을 괴롭히는 이야.7. 27

『기타』에서 좋음과 싫음, 기쁨과 슬픔, 고통과 즐거움을
똑같이 여기라고 누차 강조하는 이유가 여기에 있습니다.
이원성의 색안경을 벗고, 세상을 있는 그대로 보기 위해서
지요. 수행을 통해서만 우리는 좌뇌가 제작·상영하는 영화
를 끄고, 영화관 밖으로 나가 진짜 세상을 만날 수 있습니다.

2) 이원성의 게임

깨달음을 얻으면, 물론 이원성으로부터 자유로워집니다. 하
지만 몸이 있는 한, 인간이 만들어 낸 이원성의 세상에서 계
속 살아가지 않을 수 없지요. 둘로 나뉜 세상 속에서 우리는
끊임없이 선택을 강요받기 마련입니다. 무기를 들지 않겠다
고 선언한 크리슈나도 결국은 참전할 수밖에 없었던 것처럼
요. 이 마부 덕분에 오형제는 승리를 거머쥡니다. 하지만 전
쟁의 대가를 모두가 혹독하게 치러야 했습니다. 양측 다 멸
족하다시피 했고, 야다와족(크리슈나의 부족)은 물론 크리슈
나마저 저주를 받아 비참한 최후를 맞았지요. 이원성의 세
상에서 발을 빼고, 아무것도 선택하지 않았어야 했나요? 나

약한 의지 때문에 인간은 객관적인 진실을 요구한다고 니체는 말합니다. 크리슈나가 정말 자신의 죽음을 두려워했다면, 오형제와 백형제 가운데 어느 쪽이 옳은지 확실하지 않으므로 참전할 수 없다고 핑계를 댔을 것입니다. 나약한 인간은 행동을 피하기 위해, 이원성의 세상 어디에도 있을 수 없는 객관적인 진실을 요구합니다. 우리 편이 선이고 상대편이 악이라는 착각과 오만에서 벗어나 우리는 선택해서 행동해야 하고, 그 대가를 치러야 합니다.[6] 어느 쪽도 옳지만은 않지만, 어느 쪽으로든 움직여야 하기 때문입니다. 그것이 이원성의 세상을 살아가는 우리의 의무지요. 행위의 요가는, 자신에게 주어진 일을 묵묵히 해내는 것으로 세상을 이롭게 하라고 권합니다. 사람들의 안녕을 위해 세상을 굴리는 것이, 이원성의 게임에 참여하는 의의니까요. 참혹한 전쟁도 영원의 차원에서는 게임이 됩니다. 운동회에서 청팀과 백팀을 갈라 싸우는 것과 같지요.

행위는 나를 더럽힐 수 없고

---

6 책임을 지면 무슨 행동이든 해도 되느냐는 윤리적 허무에 대해서, 인도는 다르마라는 확고한 대답을 내놓는다.

나는 행위의 결과를 갈구하지 않나니.

이렇게 나를 아는 자는

행위에 얽매이지 않느니라. 4. 14

10장_삶의 기술로서의 요가

세 요가의 결론

지혜의 요가는 내면으로 들어가라는 가르침입니다. 이 가르침을 따르면, 삼매에 들게 됩니다. 행위의 요가는 대가 없이 행동하라는 가르침입니다. 이 가르침을 따르면, 지금 이 순간에 몰입하게 되지요. 신애의 요가는 조건 없이 사랑하라는 가르침입니다. 이 가르침을 따르면, 신(사랑·자비)과 하나가 된답니다. 표현은 다르지만, 세 요가 모두 망아의 상태를 이끌어 냅니다. 브라흐만(아트만)의 상태인 "존재(sat), 의식(cit), 지복·희열(ānanda)"의 경지로 인도한다고 추측할 수 있지요. 삼라만상을 비추는 인드라의 그물에 접속한다는 뜻으로 이해해도 됩니다.

세 요가의 목적

1) 에고의 극복

세 요가 모두 해탈이라는 최종 목표뿐만 아니라, 욕망과 에고(아항카라)의 극복이라는 일차 목표를 공유합니다. 에고가 족쇄가 되어, 참나로 향하는 발길을 잡아 두기 때문이지요. 에고의 동굴에서 나오지 않는 한, 우리는 에고가 지어내는 그림자만을 보게 됩니다. 『바가와드 기타』를 비롯한 인도의 경전들이 예외 없이 에고를 비난하는 것은 그 때문입니다. 하지만 경전마다 그 경전을 배울 수 있는 제자의 자격을 늘어놓는다는 사실을 잊으면 안 됩니다. 에고를 없애기 위해 우선은 에고가 있어야 한다는 전제 조건이, 제자의 자격 요건이니까요. 자신이 진정으로 원하는 것을 알아야, 모든 것을 던져 버리고 가르침에 입문할 수 있습니다.[1] 이미 에고를 쌓아올린 제자를 대상으로 하는 경전들이기 때문에, 프로이트처럼 에고의 분화를 다루지 않습니다. 세상에는 사람 수만큼이나 다양한 에고 구축법이 있으니까요. 줏대 없이 타

---

1 "…… 자식, 재산, 세상에 대한 욕망을 버리고 …… (마음의) 평정, (감각기관의) 제어 등을 갖추고 …… "(『산문 우파데샤 사하스리』, 1. 2)

인에게 휘둘리는 미약한 에고를 지닌 사람은 경전을 배울 자격이 없다는 말일까요? 바꿔 말해, 에고의 자리인 태양신경총 차크라까지 의식 발전을 이루지 못하면, 가르침을 따를 수 없을까요?『기타』는 자상하게도 신애의 요가를 알려 줍니다. 태양신경총 차크라를 거치지 않고도 가슴 차크라까지 의식을 끌어올릴 수 있거든요. 자의식 발달을 억압받았던 가부장제 속 인도 여인들이 어떻게 깨달음을 얻었는지 짐작할 수 있습니다. 연약한 자존감 때문에 고통받는 현대인으로서는, '나'부터 바로 세우는 것이 중요합니다. 태양신경총 차크라를 건너뛰는 것보다, 에고를 확립하는 것이 더 쉽거든요.

2) 참나(아트만)

에고를 넘어서면 참나와 마주할 수 있을까요? 참나가 정말 있기는 할까요? 에고를 초월하는 것이 아니라, 단지 더 큰 에고를 갖게 되는 것 아닐까요? 힌두교와는 달리 불교에서는, 아트만이 없다고 단언합니다. 세상에 영원불변하는 실체는 없다고요. (대승 불교에 이르면, 진아眞我를 말하기도 합니다.) 사실 아트만이 있고 없고는 별 상관 없습니다. 에고 너머의 경지를 차근차근 밟아 나가는 것이 중요하지요. 신과 마찬가지로 아트만도 명상 주제일 수 있습니다. 수행과 명상에 대단히 유용한 도구인데 쓰지 않을 이유도 없고요. 신이나 아트만이 지칭하는 실체를 '신'·'아트만'으로 부르면, 그 실체는 더이상 신이나 아트만일 수 없습니다.[2]

윤회의 나무

뿌리가 위로, 가지가 아래로 뻗은

보리수[3]는 영원하다고들 하나니.15. 1

이 세상에서는 그 형태를 알 수 없으며

끝없고 시작 없고 지속도 없도다.

굳게 뿌리내린 이 보리수를

무집착이라는 단단한 무기로 베어내고는15. 3

---

2 "이것이 아니다, 이것이 아니로다"(『브리하드 아란야카 우파니샤드』, 2. 3. 6). 『도덕경』의 첫 구절 "도를 도라고 하면 그 도가 아니다"(道可道非常道)와 비교해 보라.
3 인도 보리수(Ficus religiosa). 성무화과라고 불리기도 한다. 뱅골 보리수(Ficus bengalensis), 즉 반얀나무라는 주장도 있다. 가지에서 땅으로 뿌리를 내린 모습이 거꾸로 선 나무와 비슷하기 때문이다.

가면 다시 돌아오지 않는

경지를 구해야 하느니라.15. 4

위 시는 인도에서 성스러운 나무로 대접받는 보리수 나무에 윤회를 빗대고 있습니다. 시작과 끝을 알 수 없는 윤회는, 해탈(다시 돌아오지 않는 경지)의 지혜를 얻기 전까지는 영원히 존속합니다. 존재의 근원은 초월적인 영역에 있기 때문에, 나무의 뿌리가 하늘에 있다고 하지요. 윤회의 결과인 삶이 가지처럼 아래(지상)로 뻗어 있습니다. 거꾸로 선 나무가 윤회의 계층적 구조(신 – 인간 – 동물 등의 위계)를 상징합니다. 무지에서 비롯된 무시무종의 윤회를 끝내는 방법은 무집착이라는 도끼뿐입니다. 두 번 다시 가지를 치지 못하는 경지에 도달해야 하지요.『기타』는 거꾸로 선 나무의 이미지로 윤회의 실상과 가르침의 목적을 선명하게 보여 줍니다.

『기타』 16장에서는, 신처럼 고귀한 기질과 아수라처럼 비천한 기질을 구별합니다. 신과 아수라는 같은 아버지에게서 난 이복형제인데, 왜 신은 귀해지고 아수라는 천해졌을까요? 우파니샤드에 나오는 이야기를 덧붙여,『기타』가 설하는 운명의 비밀을 엿보도록 하겠습니다.

조물주 프라자파티가 말했다.

"아트만을 제대로 아는 자는 온 세상과 모든 욕망을 얻으리라."

이를 들은 신과 아수라 모두 아트만에 대해 알고자 했다. 신들의 왕 인드라와 아수라들의 왕 위로차나가 대표로 조물주의 학생이 되어, 32년 동안 성실하게 스승을 섬겼다. 그러자 조물주가 물었다.

"너희 둘은 무엇을 바라고 여기 머물고 있느냐?"

"아트만을 제대로 아는 자가 온 세상과 모든 욕망을 얻으리라고 스승님께서는 말씀하셨습니다. 그 아트만에 대해 알고 싶나이다."

"눈에 보이는 그가 바로 아트만이니라. 보기 좋게 단장하고 나서 물에 모습을 비추어 보아라."

두 제자는 시키는 대로 하고 나서, 만족하여 집으로 돌아갔다. 그러자 조물주가 그 둘을 바라보며 말했다.

"저들이 아트만을 알지 못하고 가는구나!"

위로차나는 아수라들에게 이 가르침을 전했다.

"이 세상에서 몸이야말로 존중해야 마땅한 아트만이다. 몸을 숭배해야 한다."

하지만 인드라는 집으로 돌아가는 도중에 두려움을 느꼈다.

'이 몸이 장님이 되면 아트만도 장님이 되고, 이 몸이 절름발이가

되면 아트만도 절름발이가 되는가?'

그는 조물주에게 돌아가 다시 32년을 지냈다. 그러자 조물주가 말했다.

"꿈속에 돌아다니는 그가 바로 아트만이니라."

이번에도 인드라는 만족하지 않았다.

'꿈속의 그도 죽고, 쫓기고, 기분 나빠하고, 울기도 한다. 나는 이런 아트만이 흡족하지 않다.'

인드라는 다시 조물주의 학생으로 32년을 지낸 뒤 가르침을 받았다.

"완전히 잠들어, 꿈조차 꾸지 않는 그가 바로 아트만이니라."

하지만 이번에도 인드라는 불만을 품었다.

'완전히 잠든 상태에서 그는 이게 나라고, 자기 자신조차 인식하지 못한다. 게다가 다른 존재들도 알지 못한다.'

인드라는 다시 5년을 제자로 지냈다. 그리고 마침내 아트만에 대한 초월적 가르침을 받았다.

"'이것을 생각해야지' 하고 의식하는 자, 그가 아트만이다. 마음은 그가 가진 초월의 눈이니라."

인드라는 돌아가 신들에게 이 가르침을 전했다.『찬도기야 우파니샤드』. 8. 7~12

『바가와드 기타』의 명상법

『기타』에서 언급한 수행법 가운데, 초심자에게 적합한 것 하나를 소개합니다. 호흡을 관찰하는 수식관입니다. 들고 나는 숨에 집중하는 수행법은 불교와 힌두교에서 모두 기본에 속합니다.

우선 조용한 곳에 명상을 위한 자리를 마련합니다. 바닥에 닿는 다리와 엉덩이가 배기지 않도록 방석을 깔아, 엉덩이를 높이고 무릎을 낮춥니다(의자에 앉아도 됩니다). 그리고 척추를 바르게 세우고 몸을 고정한 뒤, 호흡과 생각을 가라앉힙니다.

몸과 머리와 목을 곧게 하고
움직이지 않게 가지런히 하여
사방을 두리번거리지 말고
자신의 코끝을 응시하라.6. 13

코끝, 인중, 비강 등 코 언저리 가운데, 공기가 드나드는 것이 가장 잘 느껴지는 곳에 의식을 고정합니다. 호흡을 따라 들썩거리지 말고, 그 지점에만 집중합니다. 의식을 문지기처럼 한 지점에만 세워두고, 들고 나는 숨의 양, 길이, 거칠기 등을 지켜보며 호흡을 온몸으로 느껴야 하지요. 숨을 살피는 것만으로도 우리는 적정에 도달할 수 있습니다.

세 요가의 현대적 의미

『기타』는 인도 종교사상을 종합하여 세 가지 가르침으로 정리했습니다. 사문 전통의 수행(명상)은 지혜의 요가로, 브라만 전통의 리추얼(제사)은 행위의 요가로, 그리고 토착 신앙은 신애의 요가로 포섭되었습니다. 하지만 이천 년 전 가르침이 요즘 세상에 무슨 소용이 있을까요? 탁발에 의지하여 세상을 떠돌던 수행자와, 제사가 생계인 사제를 위한 가르침이 현대에 어떤 의미가 있을까요?

1) 명상(지혜의 요가)

인도의 가르침 가운데 현재 가장 스포트라이트를 받는 분야는 단연 요가와 명상입니다. 해탈을 위해서가 아니라 스트레스 관리를 위해, 명상은 일상 속 스포츠로 자리 잡았습니다. 『기타』가 명상에 실질적 지침을 주지는 않습니다. 그러나 명상이 스포츠가 되는 시대에 걸맞은, 종교의 전환을 시사하지요. 바로 종교가 더 나은 삶을 위한 스킬이 되어야 한다는 점입니다. 신의 영광을 위해서가 아니라 나의 해탈을 위해서, 신도 명상도 수행도 필요하다는 관점입니다. 더이상 신은 목적이 될 수 없습니다. 정신을 집중하기 위한 도구로서, 『기타』는 신을 사용할 뿐이지요.

> 자신을 고요하게 하여 두려움 없이
> 금욕의 맹세에 굳게 서서
> 마음을 다스리면서 나를 생각하고
> 나를 지고로 여기며 제어한 채 좌정할지어다. 6. 14

2) 리추얼(행위의 요가)

오늘날에는 형식보다 의미를 더 중시하는 실용적 문화가 대세인 것처럼 보입니다. 그럼에도 불구하고, 삶 곳곳에 스며 있는 리추얼은 반복을 통해 여전히 의미를 만들어 냅니다. 삶의 의미는 인생에 몇 번 찾아오지도 않는 영광의 순간이 아니라, 일상 속에서 사소한 반복을 통해 직조되는 것이니까요. 몸으로 행하는 리추얼은 가치와 질서를 체화합니다. 산책하기, 차 마시기, 책상 정리하기 등 소소한 리추얼을 구축하지 않으면, 생은 공허해집니다. 수천 년 전부터 세심하게 제사를 지내 왔던 사제의 주의력은, 현대에 이르러 삶의 토대를 쌓는 기술로 변모했습니다. 하잘것없는 일과에 신성함을 부여하는 스킬이지요. 모든 행동을 신에게 바치는 행위의 요가는, 그저 몸을 움직임으로써 재잘거리는 에고를 잠잠하게 합니다. 에고와 거리를 벌려, 자기 초월의 순간을 만들어 내니까요. 행위의 요가는 전쟁터가 아니라, 일상에 가장 필요한 기술입니다.

3) 사랑(신애의 요가)

내가 사랑하는 이가 나의 신이라고 했던 라마크리슈나(Ramakrishna)의 말은, 우리의 감정이 일상적인 사랑과 헌신으로 나아가야 한다는 것을 짚어 줍니다. 가족을 사랑하고, 사랑하는 이에게 헌신하는 일이 평범하게 이루어져야 한다는 뜻입니다. 신을 사랑한다는 거창한 것이 아니라요. 긍정적인 사고가 성공의 키워드가 된 자기계발의 시대에, 정작 가장 강력한 긍정의 묘약인 사랑은 신파 취급받는 것 같습니다. 신애의 요가는 부정적 감정을 일소하는 방법이 능동적이고 조건 없는 사랑이라는 것을 장담합니다.

11장 _ 바가와드 기타 비판

송충이가 갈잎을 먹으면

약 2천 년 전의 경전『바가와드 기타』에 현대의 잣대를 들이 댈 수는 없습니다. 그럼에도 불구하고,『기타』는 신분제를 옹호하기 때문에, 비판을 피해 갈 수 없습니다. 계급제도가 공고한 힌두 사회도, "신분 따위를 자신으로 아는 자는 고귀 한 가르침을 배울 자격이 없다"샹카라,『우파데샤 사하스리』라고 표 방합니다. 그런데도『기타』는 다른 계급의 일을 잘하는 것보 다, 잘 못 해도 자기 계급의 일을 하는 것이 낫다고 못 박습 니다.

> 잘하지 못해도 자기 (계급의) 도리(의무)를 행하는 것이

다른 이의 도리를 잘 행하는 것보다 낫다.

다른 이의 도리는 불안을 초래하나니,

자신의 도리를 행하다가 죽는 것이 낫느니라.3. 35

잘하지 못해도 자기 (계급의) 도리(의무)가

남의 도리를 잘하는 것보다 낫다.

본성으로 정해진 행위를 행하면

잘못을 저지르지 않느니라.18. 47

『기타』는 삿트와·라자스·타마스의 배분에 따라 사성의 신분제가 생겼다고 주장합니다. 천민은 타고난 기질이 천하기 때문에 천한 일을 해야 한다는 논리입니다. 이렇게 『기타』는 계급의 행동 양식을 선천적 기질로 확정지어 버립니다. 하기 싫어도 하게 되는 일이라고 하면서요.

기질(요소)과 행위의 구분에 따라

내가 사성의 계급제도를 산출했노라.4. 13

사제(브라만)와 전사(크샤트리야),

평민(바이샤)과 노예(슈드라)의 행위는, 적을 괴롭히는 이야

본성에서 생기는

기질에 의해 구분되느니라.

평정, 자제, 고행,

순수함, 인내, 진솔함,

지혜, 통찰, 그리고 믿음은

본성에서 생기는 사제(브라만)의 행위이다.

용맹, 기력, 굳셈, 능수능란함,

전투에서 도망치지 않음,

보시, 그리고 지배자적 기질은

본성에서 생기는 전사(크샤트리야)의 행위이다.

농사, 목축, 상업은

본성에서 생기는 평민(바이샤)의 행위이며,

또한 봉사의 성격을 지닌 행위는

본성에서 생기는 노예(슈드라)의 행위이다.

각자 자신의(계급의) 행위에

마음을 다하는 사람은 완성을 얻나니.

제 일에 전념하는 자가

어떻게 완성을 얻는지 들어 보라.18. 41~45

본성에서 생기는

자신의 행위에 속박되어, 쿤티의 아들아

하기를 원치 않아도

어쩔 수 없이 하게 될 것이다.18. 60

　힌두의 계급제도가 피정복민을 말살하지 않고 사회에 수용하는 방법이었을 수는 있습니다. 신분제가 인도에만 있었던 것도 아니고요. 하지만 타고난 신분이 천성뿐만 아니라 적성마저 결정한다는 생각은, 아무리 신분제 사회라고 해도 이해하기 어렵습니다. 하위계급이 상위계급에 굴종하는 성격과 봉사하는 자질을 갖고 태어난다니요? 유전자 결정론을 암시하는 것 같습니다. 게다가 계급적 의무를 종교적 의무로 규정함으로써, 개인이 스스로 삶을 선택하는 것을 죄로 만들어 버리고 말았습니다. 송충이가 솔잎이 아닌 갈잎을 먹는 것이 지옥 갈 일이 되었다는 뜻입니다. 신분의 의무에서 벗어나는 것보다, 차라리 죽는 것이 낫다고 하니까요. 과거 신분제가 당연했던 세상에서도(오늘날에도 능력주

의로 포장된 신분제가 존재하지요) 신분에서 벗어나려는 노력을 종교적 죄로 규정하지는 않았습니다. 신분 상승의 욕망을 죄로 언명함으로써, 여전히 『기타』는 하층민이 받는 부당한 대우를 당연한 것으로 만들고, 그들에게 체념을 가르칩니다. 윤리적이기 때문에 고귀한 자가 되는 것이 아니라, 높은 신분이기 때문에 윤리적이라는 주객전도적 사고입니다. 신분에 따라 사회적 기대가 달라지기 때문에, 낙인 효과와 피그말리온 효과[1]가 이런 편견을 확정지어 버리기도 하지요. 21세기에도 인도에는 여전히 직업의 귀천에 따른 신분제가 존속합니다.

> 가문을 파괴하는 자가 저지르는,
>
> 계급의 혼잡을 초래하는 이 과오 때문에
>
> 영원한 신분(카스트)의 법도와
>
> 가문의 법도는 무너지고 말 것이오.1. 43

아르주나가 전차 위에 주저앉은 이유는, 차마 사촌들을

---

1 긍정적인 기대가 상대에게 미치는 좋은 영향을 말한다.

죽일 수 없기 때문만은 아니었습니다. 일족끼리 죽이는 전쟁으로 가문이 몰락하고 법도가 무너지면, 가문의 여인들이 하층계급과 섞여 계급 질서가 붕괴될 것을 걱정했지요.

죽기 전까지는 죽도록 아프다

사촌들을 죽일 수 없다며 주저앉은 벗에게, 크리슈나는 아트만을 설합니다. 우주(브라흐만)와 하나인 아트만을 그 무엇으로도 파멸시킬 수 없다고요. 물로도 불로도 바람으로도 해칠 수 없는 영혼을, 당연히 칼로는 벨 수 없습니다. 영혼불멸의 아트만을 그 무엇으로 없앨 수 있겠습니까. 하지만 영혼이 영원하다고 해서, 그래서 인간이 궁극적으로는 불멸이라고 해서 칼 맞으면 안 아플까요? 육신이 영혼의 옷에 불과하더라도, 고통은 실재합니다. 아르주나의 칼과 화살에 맞은 사촌들은 고통 속에 신음하며 죽어가겠지요. 영혼의 존재를 확신한다고 한들, 지금 내가 죽음 앞에서 겪는 고통과 두려움이 사라지겠습니까? 마음과 오감으로 느끼는 고통이 허상이라고 하지만, 그렇다고 평범한 우리의 고통이 덜어지지는 않습니다. 이미 잘려나간 사지에서 느껴지는 환지통조차 엄연히 고통인데요.

쿤티의 아들아,

하늘문을 열어 주는 이런 전쟁을

운 좋게 맞이하는

크샤트리야는 행복하도다.2. 32

　힌두에서는 자기 계급의 의무(스와다르마)를 다한 이가 천국에 간다고 합니다. 크샤트리야 계급의 전사가 용맹하게 싸우다가 죽으면 천국에 가겠지요. 죽은 친척들이 계급의 의무를 다한 공로로 하늘나라에 갔다고 믿은들, 내 눈앞에서 그들을 보지 못하는 슬픔이 가실 리는 없습니다. 영혼만이 실체라고는 하지만, 모든 경험이 자신의 것이라고 주장하는 자아(ego)를 우리는 나(주체)라고 여깁니다. 이 자의식에서 벗어나는 것을 인도에서는 수행의 목적으로 삼지요. 깨달음을 얻기 전까지 우리는 자신으로부터 자유로울 수 없습니다. 죽기 전까지는 죽도록 아프고 괴로워해야 하지요. 고통을 외면한 것은 육체와 그 육체 속에 갇혀 있는 인간성을 무시한 것입니다.『기타』의 저자는 그 사실을 과연 몰랐을까요?

움직일 수 없는 운명

전쟁이 일어나기 전 크리슈나는 평화를 위한 사절이 되어 사촌 사이를 오갑니다. 하지만 백형제 측에서는 오히려 크리슈나를 인질로 잡으려고 하지요. 이제 비탈에서 구르기 시작한 전쟁이라는 수레를 누구도 멈출 수 없게 되었습니다. 이런 상황에서 아르주나가 무기를 버리고 전쟁을 포기한다고 해서, 전쟁을 막을 수는 없습니다. 비겁한 자라는 오명을 쓸 뿐이겠지요. 이렇게 어쩔 수 없는 상황을 사람들은 운명이라고 부릅니다. 원하지 않았으나 감내해야 하는, 선택의 여지가 없는 경우지요. 무기를 들지 않겠다고 선언했던 화신 크리슈나마저 전쟁터에 끌려나오는데, 신의 아들에 불과(!)한 아르주나야 말할 것도 없지요. 이런 도미노 같은 운명에 휩쓸리면, 그저 해야 할 일을 하는 것 이외에는 다른 길이 없습니다. 운명의 도구가 되는 것이지요.

> 그들은 이미 오래전에 바로 내게 죽었도다.
>
> 그대는 단지 도구가 되어라, 왼손잡이 궁수야.11.33

전장에 선 이들이 죽음이라는 운명을 맞을 것임을 크리

슈나는 밝힙니다. 이미 결정된 그들의 운명을, 아르주나는 단지 실행할 뿐이라고요. 운명이라는 정해진 각본을 무대 위의 배우가 바꿀 수는 없습니다. 우리는 운명이 준 배역을 꿋꿋이 연기할 따름이지요. 이기면 영웅이 되고 지면 악당이 될 뿐, 죽음으로 끝을 맺기 전까지는 무대를 떠날 수 없습니다. 하지만 삶이 한 편의 연극이라고 한들, 어쩔 수 없었다는 변명이 통할까요? 정말 어쩔 수 없는 순간이 오기까지, 우리는 선택하고 행동해야 합니다. 평범하고 일상적인 악에 굴복하기 때문에, 필연적으로 거악을 만나게 되는지도 모릅니다.

『기타』가 정말 비판받아야 하는 지점은, 시스템 안에서 몸부림치는 개인을 순응으로 이끈다는 것입니다. 『기타』는 이미 정해진 운명에 의지 없이 따르라고 말합니다. 전장에 주저앉아 고뇌하는 것은 쓸데없는 짓이라고 하면서요. 아르주나는 다시 무기를 집어 들지만, 크리슈나에게 설득되었기 때문이라고 보기는 어렵습니다. 크리슈나가 신성한 모습을 드러낸 뒤에야 그는 진정으로 설복하거든요. 크리슈나가 신으로서의 면모를 보여 주어야 할 정도로, 아르주나가 그의 가르침을 납득하지 못했다는 의미도 됩니다.

님의 장엄한 모습을 제가 보고 싶나이다,

지고의 정신(푸루쇼타마)이시여!11. 3

크리슈나가 신의 권위로 명령을 하는 것이 아니라, 차근차근 설명한다는 것 자체가 아르주나의 자발적 선택을 이끌어 내기 위해서입니다. 그런데 명을 내리나, 선택을 기다리나 결론은 같습니다. 운명을 거스르지 말라는 것이지요. 타고난 신분처럼 운명도 정해져 있다는 것이 『기타』의 가르침입니다.

선악은 다르지 않지만 같지도 않다

인도의 세계관 속에서 선과 악, 정의와 불의, 덕과 악덕……. 대극을 이루는 모든 것이 전체를 구성합니다. 이원성을 극복하지 못했기 때문에, 모든 것이 대극을 이루고 있는 것처럼 보이지요. 악은 선이 도달하지 못한 거리[2]를 나타낼 뿐입니다.

---

2 "악은 선이 여행해야 하는 그만한 거리를 가리키고 있다."(라다크리슈난, 『인도인의 세계관』, 119쪽)

불이 연기에 덮이고

거울이 때에 덮이듯

또한 태아가 양막에 덮이듯,

세계는 그것(욕망)에 덮여 있도다. 3. 38

허물이 있다 해도, 쿤티의 아들아

타고난 행위를 버리지 말지어다.

불이 연기로 덮이듯

모든 일은 허물로 덮여 있기 때문이다.18. 48

    크리슈나는 세상이 완벽하지 않다고 단언합니다. 불에
서 연기가 나듯이, 세상만사에는 흠이 있기 마련이라고요.
사실 모든 일에는 양면이 있습니다. 깨달음을 얻어 양면을
전체로 볼 수 있기 전까지는, 온 세상이 모순으로 느껴지기
마련이지요. 그렇기 때문에 깨닫기 전까지는 악하고 불완
전해 보이는 세상을 포용하려는 노력을 멈추지 않아야 합니
다. 하지만 크리슈나는 어차피 완벽하지 않은 세상이니, 나
까지 완벽할 필요는 없다고 합니다. 아수라들의 스승 슈크
라만 빼면, 세상에 도덕적으로 완벽한 사람은 없다고들 하
지요. 천지의 피조물 가운데 딱 한 사람만이 완벽하게 의로

웠다니, 절로 위로가 되긴 합니다. 바르게 살려고 아등바등 할 필요가 없다는 뜻일까요? 하지만 불의에는 불의로 맞서라며 오형제를 꼬드기는 크리슈나를 보면, 고개를 갸웃거릴 수밖에 없습니다. 그 꼬드김 탓에 스승 드로나는 유디슈티라의 거짓말 때문에[3], 카르나는 수레 바퀴를 수렁에서 빼내는 도중에[4], 백형제의 수장 두료다나는 허리 아래를 공격당

---

3 인드라가 아수라를 몰살하듯, 드로나는 판다와군을 학살하고 있었다. 누구도 그와 대적하려 들지 않았다. 그러자 크리슈나가 충고했다.
"전장에서는 그 누구도 드로나를 이길 수 없소. 그가 스스로 무기를 버린다면 모를까. 그러니 덕을 포기하고 승리를 구해야 하오. 내 생각에는, 외아들 아슈와타만이 살해되었다고 하면 드로나는 싸우기를 그만둘 것 같소. 아슈와타만이 전장에서 죽었다고 거짓말을 합시다."
유디슈티라는 마지못해 그의 충고를 받아들였다. 그러자 비마가 아슈와타만과 이름이 같은 코끼리를 죽이고는, 아슈와타만이 살해당했다고 드로나에게 전했다. 드로나는 그 말을 믿지 않았지만, 물에 잠기는 모래처럼 사지에서 기운이 빠져나가는 것을 느꼈다. …… 유디슈티라라면 절대 거짓말을 하지 않을 것이라고 생각한 드로나는, 자기 아들 아슈와타만이 정말 죽었느냐고 그에게 물었다. 유디슈티라는 이미 크리슈나로부터, "드로나의 분노가 반나절만 전장에 미쳐도, 내 장담하건대 그대의 군은 궤멸하고 말 것이오. 그러니 드로나로부터 우리를 구하시오."라는 강요를 받은 터였다. 거짓을 두려워하면서도 승리를 열망하는 유디슈티라는, "아슈와타만 (코끼리는) 죽었습니다"라고, 이름 뒤에 '코끼리'라는 말을 들릴 듯 말 듯 덧붙였다. 그의 말을 들은 드로나는 자신의 아들이 정말 죽은 줄 알고 절망에 빠졌다. …… 그리고 선언했다.
"이제 나는 무기를 버릴 것이다."
그는 아들의 이름을 소리 높여 부르며 울부짖었다. 그러고 나서 무기를 버리고 가부좌를 틀었다. 칼을 들고 전차에서 뛰어내린 드리슈타디윰나가 무방비 상태의 드로나에게 돌진했다. 그리고 주문을 염하고 있는 드로나의 머리카락을 손으로 움켜쥐고 목을 잘랐다.(김영, 『여섯 가지 키워드로 읽는 인도신화 강의』, 201~203쪽)
4 카르나와 아르주나가 싸우고 있을 때, 카르나의 전차가 그만 수렁에 빠져 버리고 말았다. 카르나가 아르주나에게 말했다.

해[5] 목숨을 잃고 맙니다. 모두 다 크리슈나가 속임수를 강요했기 때문이지요. 물론 선의만 가지고 악인을 상대할 수는 없습니다. 그렇다고 먼저 비겁한 일을 저질러야 한다니요? 선악이 따로 없다는 말은 절대선과 절대악이 없다는 뜻이지, 지금 우리가 따져야 할 옳고 그름이 없다는 뜻은 결코 아닙니다. 오히려 악이란 불선(不善)이기 때문에, 현상적인 악을 다루어 선으로 돌려놓는 것이 중요합니다. 선악의 강박에 갇히지 말고 자신의 진실한 욕망에 충실하라는 의미든, 말세를 살아가는 처세술을 보여 주려는 의도든, 화신이 안티히어로 같습니다. 신의 경지에 도달한 존재도 이렇게 모순된 인간이기는 마찬가지인가 봅니다. 『기타』에서 가르침을 내리는 크리슈나는 『마하바라타』 속 부족장 크리슈나와 다릅니다. 『기타』의 크리슈나가 고귀하고 신성한 존재라면,

---

"수레바퀴를 빼낼 때까지 잠시 기다려라. 겁쟁이처럼, 적이 싸울 수 없을 때 싸우려 들진 않겠지? 전장의 규칙을 아는 명예로운 크샤트리야라면 말이다."
하지만 아르주나의 마부인 크리슈나는 카르나를 비웃었다.
"유디슈티라가 주사위놀음에서 지고 있을 때, 드라우파디가 홑옷만 입은 채 끌려 나올 때, 어린 아비만유가 어른들 손에 죽어갈 때 너는 크샤트리야다웠느냐? 자신은 의롭게 행동하지 않았으면서, 왜 다른 사람은 정직하게 싸우길 바라는 거지?"
그러자 아르주나는 전차를 빼내던 카르나의 급소에 화살을 쏘아 그의 목숨을 끊었다.(같은 책, 149~150쪽)
5 이 책 3장 50~51쪽 참조.

『마하바라타』의 크리슈나는 더러운 술수도 망설임 없이 쓰는 인간 영웅이니까요.

미신숭배

앞서 짚어 보았듯이,『기타』는 베다의 제식을 부정하지 않습니다. 게다가 토착 신앙을 수용하면서, 갖가지 숭배 방식도 받아들였답니다. "어떤 방식으로 귀의하든"4. 11, 모두 힌두교 안에서 인정받을 수 있었지요. 하지만 이런 포용력이 미신숭배를 용인하는 것처럼 여겨지기도 합니다.

> 행위에 집착하는 무지한 자들에게
> 현명한 이는 지성의 혼란을 일으키지 말지어다.
> 그들로 하여금 모든 행위를
> 제어된 가운데 행하도록 해야 하느니.3. 26

숭배에 몰두하는 사람들을 괜한 참견으로 헷갈리게 하지 말고, 그들이 숭배에 마음을 다하도록 내버려 두라는 뜻입니다. 숭배 행위에 전념하는 것도 행위의 요가니까요. 민중의 미신숭배에 식자는 입을 떼지 말라는 의미로도 들립니다. 이 지침을 지나치게 잘 따라서인지, 기독교가 이단과 마녀사냥으로 헤아릴 수 없는 희생자를 내는 동안 힌두교는 별다른 피해를 보지 않았습니다. 이단인 불교와 자이나교도 지속적으로 박해받지는 않았고요. 문제는, 아직까지 은밀하게 자행되는 인신 공양에 대해서도 식자층이 입을 다물었다는 것입니다. 비베카난다의 말처럼, 산 정상으로 가는 여러 갈래 길이 다양한 종교일 수는 있습니다. 하지만 깨달음으로 가는 길이라도, 길 위에서 벌어지는 폭력을 외면해서는 안 됩니다.

『바가와드 기타』는 신의 노래일까

인도의 사상가 오로빈도는 『바가와드 기타』를 자기 사상의 중심에 두었지만, 『기타』가 신의 말씀 혹은 진리라는 것을 부정했을뿐더러 경전이 시대적·역사적 맥락 위에 있다고 인정했습니다. 『기타』도 당대의 사회상을 반영한 인간의 작품일 따름이니까요. 『마하바라타』는 이원성의 세계 속에서 선택을 강요당하는 인간 군상을 그리고, 『기타』는 그 선택이 능동적이어야 한다고 가르칩니다. 삶의 행불행을 의연하게 견디며 의무를 다하라고요.

이와 같이 나는 (어떤) 비밀보다도

더 비밀스러운 지혜를 그대에게 설했나니.

이를 남김없이 되새겨 보고

그대가 바라는 대로 행하라. 18. 63

스스로 선택하고, 행동하고, 책임을 지는 이 세상 인간 영웅들의 서사시 속에, 왜『기타』라는 저 세상 가르침이 들어 있는지 이제는 추측할 수 있습니다. 어느 쪽도 정의로 통하지 않는 두 갈래 길 가운데 하나를 선택하기 위해, 실질적 지침이 간절하게 필요하기 때문입니다. 세 요가의 지혜, 의무, 헌신(사랑)이 가장 간명한 지침이지요. 신이 마부로 참전한 것 자체가, 신의 의무이자 인간을 위한 헌신입니다.

『기타』의 알레고리를 이 책에서 설명하는 것은 불가능합니다. 다만, 의식의 도약이라는 심리적 관점에서나마『기타』의 가르침을 온전히 전하려고 노력했습니다. 우기에만 물이 흐르는 물줄기를 강이라고 부를 수 있다면, 의식이야말로 유일한 실체인 아트만이자 브라흐만일 것입니다. 퍽 아쉽지만, 욕심을 부려 종지에서 간장이 흘러넘치는 우는 피해야겠지요.『기타』는 진하디진한 장이니, 조금만 찍어 먹어도, 진저리칠 것입니다.

> 용기라는 배를 만들어,
>
> 욕망과 탐욕이라는 악어가 들끓고
>
> 다섯 감각기관이라는 물이 넘실대는 강,
>
> 태어남이라는 고난의 강을 건너십시오.『마하바라타』. 3. 207. 72

부록

그림과 함께 읽는
『마하바라타』

* 대서사시 『마하바라타』는 '『마하바라타』
안에 없는 것은 이 세상에도 없다'고 할 정
도로 방대한 내용을 담고 있는 '힌두 백과
사전'입니다. 이 책에서 다루고 있는 『바가
와드 기타』 역시 이 장대한 서사시의 일부
로, 『마하바라타』의 여섯번째 권의 25장부
터 42장까지의 내용을 따로 떼어 경전으로
만든 것입니다. 따라서 『마하바라타』는 『바
가와드 기타』의 주무대인 쿠룩셰트라 전쟁
전후의 이야기를 다루지만, 이 책은 아쉽게
도 그 내용을 상세히 다루지 못했습니다. 부
록에 『마하바라타』의 내용을 도판과 함께
정리하여, 독자들이 『바가와드 기타』를 읽
는 데 도움을 드리고자 합니다. 부록의 말미
에는 쿠루 족의 간략한 계보를 수록하였습
니다.

인간 세상에 태어나라는 성자의 저주를 받자 여덟 신 와수는, 여신 강가에게 지상에서 자신들의 어머니가 되어 달라고 청한다. 그 청을 수락한 여신은 지상으로 내려가 쿠루 왕국의 왕인 샨타누를 유혹한다. 그리고 자신이 무슨 일을 하든 참견하지 않는다는 조건으로 샨타누 왕의 왕비가 되어 차례로 여덟 아들을 낳는다. 인간으로 태어난 와수 신들을 천상으로 돌려보내기 위해, 강가는 태어나는 아들마다 갠지스강에 버렸다. 영문을 모르고 침묵하던 왕은 여덟번째에 이르자 참지 못하고 아들(비슈마)을 죽이려는 그녀를 막아선다. 여신은 참견하지 않겠다는 약속을 어긴 왕을 떠나 버린다.

한편 저주를 받아 물고기로 변한 요정이 있었다. 그 요정 물고기는 우연히도 어느 왕의 정액을 삼키고 잉태했다. 어부가 그 물고기를 잡아 배를 가르자, 남녀 쌍둥이가 나왔다. 놀란 어부는 왕에게 이 기이한 일을 고했고, 왕은 사내아이만 데려다 키웠다. 몸에서 생선 비린내가 나는 계집아이

아들을 강에 버리는 강가 여신
이미 와수 신 중 일곱을 낳아 하늘로 돌려 보낸 강가 여신이 마지막 아들 비슈마를 강에
버리려 하고 있다. 아내가 무엇을 하든 간섭하지 않겠다고 맹세했던 산타누 왕이 뒤따르
며 여신을 만류하고 있다.

는 어부를 아버지 삼아 자란다. 샤티야와티라는 이름의 처녀로 자라난 아이는, 아버지를 돕기 위해 뱃사공이 되었다. 어느 날 성자 파라샤라가 그녀를 보았다.

"순박한 처녀여, 나와 함께 눕자꾸나. 내게 소원을 말하면 이루지 못할 일이 없노라."

사티야와티는 자기 몸에서 향기가 나도록 해달라고 성자에게 요구했다. 소원이 이루어지자, 처녀는 성자와 몸을 나누었다. 그리고 성자의 아들 위야사를 잉태하여 몰래 낳았다. 어느 날 사티야와티의 향기에 이끌려 온 샨타누 왕이 그녀를 보고 사랑에 빠졌다. 왕이 청혼을 하자, 그녀의 아버지는 단호하게 말했다.

"내 딸의 후손에게 왕좌를 약속하시오. 그렇지 않다면 딸을 내줄 수 없소."

왕에게는 이미 왕위를 이을 왕자 비슈마(여신 강가의 아들)가 있었기 때문에, 왕은 그 요구를 들어줄 수가 없었다. 사티야와티와 결혼할 수 없게 된 왕은 큰 슬픔에 잠기고 말았다. 아버지가 마르고 창백해지자, 선하고 의로운 왕자 비슈마는 그 이유를 알아보았다. 그리고 사티야와티의 집에 찾아가, 스스로 왕좌를 포기할 뿐만 아니라 후손을 보지 않기 위해 금욕까지 하겠노라고 맹세했다. 그리하여 왕은 사

사티야와티의 집에서 맹세하고 있는 비슈마
아버지 샨타누 왕의 슬픔을 보다 못한 왕자 비슈마가 사티야와티의 집을 찾아가, 왕위를
포기하는 것은 물론 평생 금욕을 지켜 왕권을 다툴 자손을 낳지 않겠다는 맹세를 하고
있다.

티야와티를 왕비로 맞을 수 있게 되었다.

"고귀한 왕자야, 너는 패배를 모를 것이다. 또한 네가 원하기 전까지는 죽음도 너를 찾아오지 못하리라."

왕은 기쁨에 겨워, 아들 비슈마를 이렇게 축복해 주었다. 어부의 딸 사티야와티는 샨타누 왕과 혼인하여 두 아들을 낳았다. 이들은 차례로 왕국을 물려받았으나, 모두 후손을 남기지 못하고 요절했다. 사티야와티는 둘째 아들 위치트라위리야의 두 왕비(암비카와 암발리카)에게서 후손을 보기 위해, 비슈마에게 씨내리[1]가 되어 달라고 부탁했다. 금욕의 맹세 때문에, 그는 아우의 두 왕비와 동침하는 것을 거절했다. 그러자 사티야와티는 자신이 처녀 때 파라샤라 성자와 동침하여 남모르게 낳은 아들 위야사 성자를 만나, 그에게 씨내리가 되어 달라고 했다. 위야사 성자는 두 왕비가 일 년 동안 서약을 잘 지키면 왕비들을 잉태시켜 주겠노라고, 어머니에게 약속했다. 하지만 사티야와티가 그를 재촉했다.

"왕비들이 지금 당장 잉태하도록 해다오. 왕이 없는 왕

---

1 후사를 보기 위해 들이는 집안 내의 남자나 외간남자. 아내가 아이를 낳지 못하면 씨받이 여인을 들이듯이, 남편이 아이를 낳지 못하면 씨내리 사내를 들여 후손을 보는 풍속이다. 아내를 남편의 밭이라고 여기는 인도에서는, 누가 씨를 뿌렸든 그 밭에서 거둔 것(아이)은 남편의 것이 된다.

사티야와티와 위야사
사티야와티(오른쪽)는 두 아들이 후손을 남기지 못하고 죽자, 결혼하기 전 파라샤라 성자
와의 사이에서 낳은 아들 위야사(왼쪽)에게 며느리들의 씨내리가 되어 달라고 부탁한다.

국에는 비조차 내리지 않을 것이다. 어서 씨를 뿌려다오.”

"때가 아닌 지금 아들을 잉태하려면, 두 왕비는 제 흉측한 모습을 견디어야 합니다. 제 끔찍한 몸뚱이와 냄새를 견딜 수만 있다면, 그 여인들은 아주 특별한 아이를 잉태할 것입니다.”

이렇게 말하고 성자는 사라져 버렸다. 사티야와티는 어렵게 두 왕비를 설득하고 나서, 다시 아들을 불렀다. 가임기를 맞은 그녀의 맏며느리는 합방을 위해 목욕재계를 하고 기다리다가, 검은 피부에 헝클어진 머리칼, 불그레한 턱수염을 가진 성자를 보자 그만 눈을 감아 버렸다. 그래서 맏며느리에게서는 눈먼 아들 드리타라슈트라가 태어났다. 맹인에게 왕위를 물려줄 수 없었던 사티야와티는, 둘째 며느리에게 성자를 보냈다. 성자의 끔찍한 모습을 본 둘째 왕비는 너무나 놀라 하얗게 질리고 말았다. 그녀에게서는 핏기 없이 새하얀 아들 판두가 태어났다. 사티야와티는 만족하지 않고, 다시 한번 맏며느리에게 성자와 동침하라는 명을 내렸다. 성자의 흉한 모습과 악취가 끔찍했던 맏며느리는, 자신의 시녀를 단장시켜 성자에게 보냈다. 이 노예 시녀에게서는 위두라라는 지혜로운 아들이 태어났다. 맏왕자는 장님이었고, 막내 왕자는 천한 여인에게서 태어났기 때문에, 결

전쟁의 경과를 전해 듣고 있는 드리타라슈트라
측근 마부이자 궁정시인인 산자야(오른쪽)로부터 쿠룩셰트라의 전황을 전해 듣고 있는
장님왕(백 형제의 아버지) 드리타라슈트라(가운데). 『바가와드 기타』는 산자야가 드리타라
슈트라에게 이야기를 전하는 형식으로 기술되어 있다.

국 둘째 왕자 판두가 왕위를 이었다.

판두는 두 여인을 왕비로 맞았다. 어느 날 그는 짝짓기하던 사슴을 활로 쏘아 죽이는 잘못을 저질러, 아내와 사랑을 나누면 죽는다는 저주를 받았다. 그래서 판두는 두 아내와 함께 산으로 들어가 고행을 시작했고, 그를 대신하여 눈 먼 왕자 드리타라슈트라가 왕위에 올랐다. 사슴의 저주 때문에, 판두는 씨내리를 들여 아들을 보기로 했다. 그의 맏왕비 쿤티는 판두와 결혼하기 전에, 신을 씨내리로 부르는 주문을 성자에게 받아 태양신 수리야의 아들 카르나를 몰래 낳은 일이 있었다. 남편의 뜻에 따라 쿤티는 정의의 신 다르마, 바람의 신 와유, 신들의 왕 인드라를 각각 아버지로 하는 세 아들, 유디슈티라·비마·아르주나를 낳았다. 또한 주문을 둘째 왕비에게도 알려주어, 둘째 왕비가 쌍둥이 신 아슈윈의 아들 나쿨라와 사하데와를 잉태하도록 해주었다. 하지만 판두는 아들 다섯(판다와)이 미처 자라기도 전에 죽고 말았다. 화사한 봄날의 춘정을 이기지 못하고 둘째 아내와 사랑을 나누었기 때문이다. 사슴의 저주는 결국 판두를 죽음으로 몰아넣었다.

드리타라슈트라 왕은 아우 판두의 아들 오형제를 자신의 아들 일 백(카우라와)과 함께 키우며, 드로나와 크리파라

판두와 쿤티

오형제의 아버지인 판두 왕(오른쪽)과 첫째 부인 쿤티. 판두는 사슴으로 변해 짝짓기를 하던 성자를 죽인 저주로 자손을 보지 못했다. 쿤티가 신을 씨내리로 부르는 주문을 이용해 아들 셋을 낳았고, 둘째 부인 역시 쿤티의 주문을 이용하여 쌍둥이 아들을 낳았다.

는 훌륭한 스승들도 찾아주었다. 같은 스승에게 배우면서도 오형제가 늘 백형제를 앞섰기 때문에, 판두의 다섯 아들은 사촌들의 질시를 받을 수밖에 없었다. 어느덧 장성하여 배움을 마친 오형제는, 와라나와타 축제를 보기 위해 왕성을 떠나게 되었다. 이 기회를 놓치지 않고, 백형제의 맏이 두료다나는 오형제를 없애기 위해 음모를 꾸몄다. 오형제가 머물 집을, 불에 타기 쉬운 건축재로 지어 두었던 것이다. 오형제의 맏이 유디슈티라는 그 집에 들어서자마자 기름과 발화재 냄새를 맡았다. 두료다나의 흉계를 눈치챈 그는, 몰래 땅굴을 파도록 지시했다. 그래서 두료다나의 심복이 집에 불을 질렀을 때, 형제들과 함께 어머니를 모시고 불길 속에서 빠져나올 수 있었다. 두료다나는 오형제가 모조리 죽은 줄 알고 기뻐했다. 끊임없이 계략을 꾸미는 두료다나를 피하기 위해, 오형제는 자신들이 살아 있다는 것을 알리지 않기로 했다. 브라만 행색으로 그들은 한동안 탁발을 하며 살았다.

드라우파디 공주의 낭군고르기장이 열렸을 때에도, 그들은 브라만의 모습으로 대회에 참가했다. 공주의 낭군이 되기 위해서는, 억센 활을 굽혀 활줄을 맨 뒤 화살 다섯 대 전부를 공중에 걸린 구멍을 통과하여 과녁에 맞추어야 했다. 셀 수 없이 많은 왕이 도전했지만, 활줄조차 매는 이가

판다와 오형제와 드라우파디

드라우파디의 남편을 정하는 낭군고르기장에서 아르주나는 신묘한 활솜씨로 드라우파
디를 아내로 얻었다. 하지만 드라우파디를 얻었다는 말을 음식을 구해 왔다는 말로 착각
한 오형제의 어머니 쿤티가 "모두 함께 즐기거라"라고 말하는 바람에, 드라우파디는 오
형제 모두의 공처(共妻)가 된다.

없었다. 그때 아르주나가 일어나, 눈 깜짝할 새에 활줄을 걸고 화살을 쏘았다. 구멍을 관통하여 날아간 화살은 과녁을 쏘아 떨어뜨렸다. 그리하여 환호성 속에서 아르주나는 드라우파디를 아내로 얻었다. 어머니의 말에 따라 오형제는 그녀를 형제 모두의 아내로 삼았다.

오형제는 무사히 왕성으로 돌아왔다. 그들이 살아 돌아오자, 드리타라슈트라 왕은 왕국을 둘로 쪼개 오형제와 백형제에게 나누어 주었다. 맏형 유디슈티라를 왕으로 올린 오형제는, 적을 정복하고 번영하는 왕국을 일구어 내었다. 또한 유디슈티라 왕이 세상의 패자임을 선포하는 제사까지 올렸다. 제사에 초대된 백형제의 맏이 두료다나는, 오형제가 누리는 영광을 보자 다시금 질투에 불타올랐다. 외삼촌 샤쿠니의 조언에 따라, 그는 유디슈티라를 도박에 끌어들였다. 샤쿠니는 속임수를 써서, 유디슈티라가 재산은 물론 왕국까지 다 잃게 만들었다. 유디슈티라는 광기에 사로잡혀 형제들과 자기 자신까지 차례차례 판돈으로 걸었다. 모든 것을 잃은 그는 급기야 드라우파디 왕비마저 내기에 걸었고, 노름에 졌다. 달거리 중이던 왕비는 웃옷이 벗겨진 채 끌려 나오는 수모를 당했다. 그녀는 치욕에 몸을 떨며, 드리타라슈트라를 비롯한 왕가의 웃어른들에게 눈물로 호소했다.

노름에 진 유디슈티라와 끌려 나온 드라우파디
도박으로 모든 것을 잃은 오형제(왼쪽)의 맏이 유디슈티라는 왕국과 형제들에 이어 왕비
드라우파디(가운데)마저 판돈으로 걸었지만 노름에서 지고 만다. 이에 두료다나와 측근
들은 드라우파디를 끌어내 옷을 벗겨 모욕을 주려 하지만, 크리슈나(오른쪽 위)가 감고 있
는 옷을 계속 이어 그녀를 위기에서 구해 낸다.

그녀에게 설득된 연장자들은, 두료다나로 하여금 유디슈티라가 잃은 것 전부를 되돌려 주도록 했다. 하지만 오형제가 자신들의 왕국으로 돌아가기도 전에, 두료다나는 유디슈티라를 다시 노름판에 불러들였다. 사악한 샤쿠니가 유디슈티라에게 제안했다.

"주사위 노름을 딱 한 판만 해서, 진 편이 숲에 들어가 열두 해를 사는 게 어떻겠소? 열세번째 해에는 변장을 하고 사람들 사이에 숨어야 하오. 마지막 한 해가 가기 전에 다른 사람들에게 자기 정체를 들키면, 다시 열두 해를 숲에서 살아야 할 것이오. 들키지 않고 13년을 채워야, 진 편은 자기 왕국으로 되돌아갈 수 있소. 이것이 내기의 조건이오."

유디슈티라는 그 단판 내기를 받아들였고, 또다시 지고 말았다. 그리하여 오형제는 모든 것을 잃고 드라우파디와 함께 숲에서 12년을 살게 되었다. 13년째가 되던 마지막 해, 모습을 들키지 않기 위해 그들은 위라타 왕의 궁정에 숨어들었다. 유디슈티라는 왕의 놀이(도박) 선생, 비마는 요리사, 아르주나는 내궁의 춤·음악 선생, 나쿨라는 말구종, 사하데와는 소몰이꾼, 그리고 드라우파디는 왕비의 시녀가 되어 누구에게도 정체를 들키지 않고 무사히 마지막 일 년을 보냈다. 유배가 끝나자 오형제는 두료다나에게 왕국을 돌려달

कौरवों की सभा से अपमानित होकर वापिस लौटने के पश्चात् भगवान
श्रीकृष्ण ने पाण्डवों के साथ परिस्थिति पर विचार-विमर्श किया ।
उन्होंने धर्म और राजनीति की दृष्टि से युद्ध को उचित बताया ।
पाण्डवों ने दुःखित हृदय से युद्ध का निश्चय कर लिया ।

크리슈나와 오형제
조언을 하고 있는 크리슈나(가운데)와 그를 둘러싸고 있는 오형제와 드라우파디.

라고 요구한다. 물론 두료다나는 이를 거절했다. 이제 사촌 간의 전쟁은 피할 수 없었다. 왕들도 두 편으로 갈려 전쟁을 준비했다. 평화를 위해 양쪽을 오갔던, 비슈누의 화신 크리슈나 역시 아르주나의 마부가 되어 전장에 선다.

이때 백형제의 총사령관은 오형제와 백형제의 큰할아버지 비슈마였다. 아르주나는 그를 쓰러뜨리기 위해 암바 공주의 후신 쉬칸딘을 앞세운다. 오래전 비슈마는 아우의 아내로 삼기 위해 암바를 납치했는데, 약혼자가 있었던 그녀는 불 속에 뛰어들고 말았다. 쉬칸디니 공주로 환생한 암바는, 복수를 위해 사내의 몸을 입어 쉬칸딘으로 불렸다. 여인과 싸우지 않는다는 원칙을 지키기 위해 비슈마는 쉬칸딘과도 싸우려 들지 않았다. 쉬칸딘 앞에 무력한 그를, 아르주나의 화살이 꿰뚫었다. 비슈마의 몸은 바닥에 닿지 않고, 몸을 관통한 화살들 위에 눕혀진다. 그는 부왕에게 받은 축복(자신이 원할 때 죽을 수 있다는 축복) 덕에, 전쟁이 끝날 때까지 살아 있었다. 전쟁의 불길이 사그라든 후에 비슈마는 유디슈티라에게 왕의 임무를 일러주고 스스로 삶을 떠난다. 참혹한 전화 속에서 드로나, 카르나, 두료다나…… 위대한 용사가 차례로 쓰러졌다. 전쟁이 막바지에 이르자 드로나의 아들 아슈와타만은, 모두가 잠들어 있는 오형제 진영에 잠

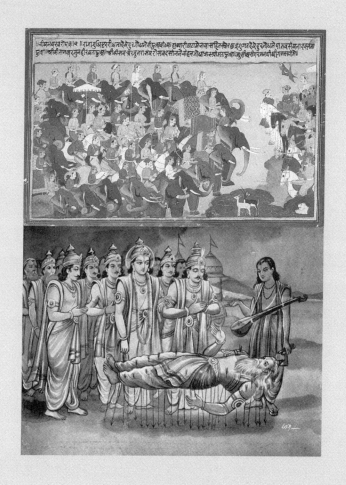

쿠룩셰트라 전쟁

전장에서 맞붙은 오형제(위의 그림 오른쪽)와 백형제(위의 그림 왼쪽). 이 전쟁에서 양측은 막대한 희생을 치른다. 오형제와 백형제 모두의 큰할아버지인 비슈마 역시 아르주나의 화살에 맞아 쓰러진다. '스스로 원할 때가 아니면 죽음을 맞지 않을 것'이라는 부왕 샨타누의 축복 덕분에, 그는 몸에 박힌 화살 위에 누워 전쟁의 경과를 모두 지켜본 후에 죽음을 맞는다.

입해 전사들의 목을 죄다 베어 버리는 비겁을 저지른다. 그곳에 있지 않았던 오형제와 크리슈나만이 목숨을 건졌다. 하지만 전세는 이미 오형제 쪽으로 기울었다. 큰할아버지(비슈마)와 스승(드로나), 그리고 형제(카르나)와 사촌(백형제)을 도륙한 18일간의 전쟁에서 오형제는 승리를 거둔다. 백 명의 아들을 죄다 잃은, 백형제의 어머니 간다리는 크리슈나를 저주한다.

"내 그대를 저주하리다. 지금부터 36년 뒤, 벗과 아들과 친척의 죽음 후에 그대는 숲에서 처참하게 죽을 것이오!"

36년이 흐른 뒤, 크리슈나의 부족은 술에 취해 서로를 죽여 절멸에 이른다. 크리슈나 또한 사냥꾼의 화살에 맞아 숨을 거두고 만다. 크리슈나를 잃은 오형제는, 왕위를 물려주고 순례길에 오른다. 천상으로 가는 길 위에서 형제들과 드라우파디가 차례로 쓰러지고, 마지막까지 따라온 충직한 개 한 마리와 유디슈티라만 남았다. 그를 천상으로 데려가기 위해 나타난 제신의 왕 인드라가 말한다 ─ 미천한 개를 버리라고. 유디슈티라는 천국 대신 개를 선택한다. 그는 크샤트리야로서, 자신에게 몸을 의탁한 모든 것을 지켜야 했다. 그것은 인드라의 시험이었다. 유디슈티라가 옳은 답을 내자, 개는 부친인 다르마로 변한다. 드디어 천상에 들어간

유디슈티라의 시험
천상으로 가는 길에 형제들과 드라우파디가 모두 쓰러지고 유디슈티라만이 개 한 마리
와 함께 남았다. 유디슈티라를 천상으로 데려가기 위해 온 인드라(왼쪽 상반신이 모두 보이
는 인물)가 개를 버리면 천상으로 올려주겠다고 제안하지만, 유디슈티라는 천상 대신 길
을 함께했던 개를 택한다.

유디슈티라는 영광스러운 자리를 차지한 두료다나를 보고 슬픔에 잠겨, 형제와 친척을 찾으러 간다. 천상의 사자를 따라 지옥에 간 그는, 형제들과 드라우파디가 자신을 부르는 소리를 듣는다.

"대체 무슨 일을 했다고 두료다나는 천상에서 영화를 누리고, 고귀한 이들은 지옥에 떨어진단 말인가?"

분노와 슬픔에 젖어, 그는 형제들을 위해 지옥에 머무르기로 결심한다. 그러자 인드라가 신들을 거느리고 나타나 그에게 말했다.

"죄 많은 이는 천국에서 먼저 선업을 누린 뒤 지옥에 가오. 덕 있는 이는 반대로 지옥에서 악업을 씻은 뒤 천국으로 간다오. 왕이여, 이것이 마지막 시험이었소."

마침내 오형제와 드라우파디는 천상에서 영원한 복락을 누린다.

『마하바라타』계보도

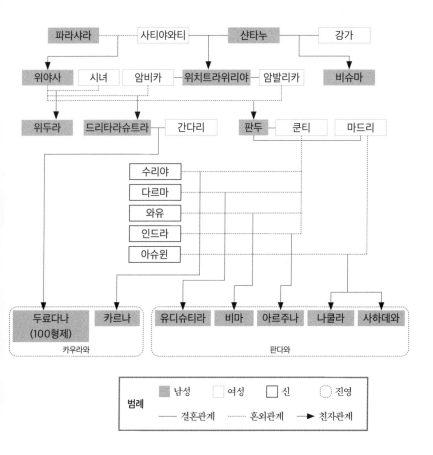

참고문헌

간디, 마하트마. 『바가바드 기타』, 이현주 옮김, 서울: 당대, 2001.

괴테, 요한 볼프강 폰. 『파우스트』, 김인순 옮김, 파주: 열린책들, 2009.

길희성. 『바가바드 기타』, 서울: 서울대학교출판문화원, 2018.

김영. 『거꾸로 선 나무』, 서울: 마인드큐브, 2020.

_____. 『여섯 가지 키워드로 읽는 인도신화 강의』, 고양: 북튜브, 2022.

나이바우어, 크리스. 『하마터면 깨달을 뻔』, 김윤종 옮김, 서울: 정신세계사, 46
   쪽.

노렌자얀, 아라. 『거대한 신, 우리는 무엇을 믿는가』, 홍지수 옮김, 서울: 김영
   사, 2016.

다마지오, 안토니오. 『스피노자의 뇌』, 임지원 옮김, 서울: 사이언스북스, 2007.

라다크리슈난, S.. 『인도철학사 2』, 이거룡 옮김, 파주: 한길사, 1996.

_____. 『인도철학사 4』, 이거룡 옮김, 파주: 한길사, 1999.

문을식. 『바가바드 기따 : 비움과 채움의 미학』, 서울: 서강대학교 출판부,
   2012.

박경숙. 『바가와드 기따』, 서울: 새물결, 2022.

왈미끼. 『라마야나: 어린 시절』, 김영 옮김, 서울: 부북스, 2018.

우드, 웬디. 『해빗』, 김윤재 옮김, 서울: 다신북스, 2019.

위야사. 『마하바라따』 1~9, 박경숙 옮김, 서울: 새물결, 2012~2022.

콜러, 존 M., 『인도인의 길』, 허우성 옮김, 서울: 소명출판, 2013.

파폴라, 아스코. 『힌두이즘의 원류』, 김형준·최지연 옮김, 서울: 한국외국어대
학교 지식출판원(HUINE), 2020.

판데, 고빈드 찬드라. 『불교의 기원』, 정준영 옮김, 서울: 민족사, 2019.

플러드, 가빈. 『힌두교: 사상에서 실천까지』, 이기연 옮김, 부산: 산지니, 2008.

함석헌. 『바가바드 기타』, 파주: 한길사, 2015.

Buhler, G.. *The Laws of Manu*. Delhi: Sri Satguru Publications, 2001.

Griffith, Ralph, T. H.. *The Hymns of the Ṛgveda*. Delhi: Motilal Banarsidass
Publishers, 2004.

Minor, Robert. *Modern Indian Interpreters of the Bhagavad Gita*. New
York: State University of New York Press, 1986.

Radhakrishnan, S.. *The Bhagavadgita*. Noida: HarperCollins Publishers,
2014.

_____. *The Principal Upaniṣads*. Noida: HarperCollins Publishers,
2015.

Vālmīki. Boyhood, Vol. 1 of *Rāmāyaṇa*. Edited by Isabelle Onians.
Translated by Robert P. Goldman. New York: New York University
Press and the JJC Foundation, 2009.

Vālmīki. *Rāmāyaṇa*. Vol. 1 & 2. Gorakhpur: Gita Press, 2006.

Vyasa. *Mahābhārata*. Translated by M. N. Dutt. New Delhi: Parimal
Publications, 2013.

Walker, Benjamin. *Hindu World: An Encyclopedic Survey of Hinduism*.
New Delhi: Rupa, 2005.

찾아보기

【ㄱ·ㄴ·ㄷ】

간다리 74
간디(Mahatma Gandhi) 184, 185, 195,
221, 239, 240
감각기관 105, 111, 115, 127, 129,
146, 160
감각대상 113, 115, 116, 118, 119,
121, 122, 125, 127, 129
겁(kalpa) 61
교체신교 19
『나라다 수트라』 169
나쿨라 49
니체, 프리드리히(Friedrich Nietzsche)
251
다르마(Dharma) 47, 58~62, 65, 85,

89, 182, 209
다마지오, 안토니오(Antonio Damasio)
243
다샤라타 53
대승 불교 171
두료다나 47~52, 71, 74
드라우파디 45, 48, 91
드로나 90
드리타라슈트라 47, 51

【ㄹ·ㅁ】

라다크리슈난, 사르베팔리(Sarvepalli
Radhakrishnan) 206
라마 16, 40, 41, 43, 46, 52, 53, 56,
58~60, 62, 63, 65, 66, 170

라마누자(Rāmānūja) 149, 202~204, 211

『라마야나』 14~16, 22, 40, 43, 52, 63

라마크리슈나(Ramakrishna) 263

라자스(rajas) 225, 226, 229~232, 237, 265

라캉, 자크(Jacques Lacan) 215, 216

락슈마나 53, 55, 56

리비도 227

리쉬 28, 29

리추얼 165~167, 261, 262

마나스 238, 239

『마누법전』 118

『마하바라타』 14~16, 22, 23, 26, 38, 40, 43, 50, 279

만유내재신론(panentheism) 184

메시아 194

명상 104, 109, 111, 114, 139, 190, 209, 211, 261

　고요(사마타) ~ 121, 163

　통찰(위파사나) ~ 121

몰입 101, 164~166, 189

무니 29

무위(naiṣkarmya) 141, 142

【ㅂ】

바가완 20

바라타 53, 56, 62

바베, 비노바(Vinoba Bhave) 189

바이샤 58

박타 195, 209

박티 168

『반야심경』 108

백형제(카우라와) 26, 47, 49~51, 240~242, 244, 251

범아일여(梵我一如) 37, 95, 175

베다 19, 27, 33, 198, 277

베다교 39

베단타 36, 95, 108, 202

보편 종교 87

불가촉천민 248

불교 20, 34, 38, 39, 87, 102, 121, 144, 170, 171, 210, 243, 255, 260, 278

불이론(不二論) 202

붓다 20, 29, 40, 63, 110, 153, 171, 248

붓디 127~129, 139, 236~238

브라만 29, 31, 33, 58, 88, 103, 109, 148, 149, 170, 261

브라만교 39

브라흐마 16

브라흐마나 33, 34

브라흐만 37, 95, 123, 124, 131, 143,
172~178, 180, 181, 194, 195, 202,
205, 233

비마 48~51, 91

비베카난다(Vivekananda) 204, 278

비슈누 16, 17, 41, 52, 78, 94, 182,
185

　~의 화신 17, 52, 53

비슈마 74, 90

비폭력 239

【ㅅ】

사마디(삼매) 100, 101, 105, 111, 119,
120, 121, 123, 124, 131, 162, 163,
165, 196, 207, 253

사하데와 49

삿트와(sattva) 225, 226, 227, 229,
230, 231, 232, 237, 265

상사라(윤회) 32, 87, 137, 142, 212,
247, 257

상키야(Sāṃkhya) 철학 37, 211, 223,
236

샹카라 202, 203

수식관 260

수피즘 195

쉬바 16, 41

슈드라 58, 170

슈라마나(사문) 29, 31, 32, 88, 103,
104, 108, 109, 123, 148, 261

슈루티 27, 28

스무리티 28

시타 56, 59, 63

신(神) 123, 178, 185, 196, 200, 212,
257

신애(神愛) 168, 169, 189, 192, 197,
209

신애(박티)의 요가 102, 168, 170,
171, 177, 186, 188, 193, 208, 211,
212, 215, 220, 221, 229, 255, 261,
263

【ㅇ】

아르주나 15, 45, 48, 51, 56, 68, 69,
71, 73, 74, 86, 182

아리야인 24~27, 32

아비만유 68, 74

아수라 257

아슈라마 30~32, 86, 89, 109, 135
　가장기 135, 136
아슈윈 49
아트만 37, 79, 80, 92, 93, 107, 108,
110, 119, 123, 128, 129, 131, 175,
176, 195, 243, 269
아항카라 132, 157, 237, 238, 255,
270
악샤라(akṣara) 179
에고(ego) 132, 157, 161, 165, 243,
244, 254, 255, 270
에피쿠로스(Epikuros) 112
여호수아 87
염상(念想) 168, 169, 203
영혼 107
오감 128
오로빈도 고시(Aurobindo Gosh) 221,
279
오펜하이머, 줄리어스 로버트(Julius
Robert Oppenheimer) 76
오형제(판다와) 26, 47, 49, 240~242,
244, 245, 251
와유 48
요가 98, 100~102, 120, 165, 166
『요가 수트라』 120
욕망 117, 118, 127

우파니샤드 28, 36~39, 88, 136, 168,
169, 173, 176, 177, 194, 257
위야사 50
유가 60~62
유디슈티라 47, 52, 242, 245
유일신 181
융, 칼 구스타프(Carl Gustav Jung) 213
이슈와라 181
이원론 183, 223
이원성 249~251, 273
이티하사(Itihāsa) 23
인격신 19, 177, 202, 203
인더스 문명 24, 25
인드라 48
일원론 177

【ㅈ·ㅊ】

자이나교 38, 39, 102, 144, 170, 278
전변설 236
제사 32~35, 37, 106, 136~139, 143,
146~148, 169, 221
　내면의 ~ 109
　지혜의 ~ 145
제식주의 34
지혜 108, 110

지혜(즈냐나)의 요가 102~104, 108,
134, 143, 149, 203~205, 207, 209,
210, 212, 218~220, 229, 253, 261
차크라(cakra) 213~219, 244, 255
차테르지, 반킴 찬드라(Bankim
Chandra Chatterji) 221
참나(Self) 131, 161, 162, 165, 196,
243, 244, 255
출가 88, 104, 109, 149

【ㅋ·ㅌ】

카르나 48, 90
카르마(karma) 32, 34, 35, 134, 140,
141, 210, 221
카스트 24, 86, 89
칼리 240
캉샤 44, 45
쿠룩셰트라 22, 26, 240
쿠룩셰트라 전쟁 45, 80
쿤티 45
크리슈나 15~17, 20, 40, 41, 43~46,
51, 56, 59, 60, 62, 65, 66, 68, 70,
71, 73, 74, 76, 78, 80, 87, 170, 177,
181~183, 185, 186, 196, 250, 251,
269

~의 신성한 모습 69
『마하바라타』의 ~ 46
『바가와드 기타』의 ~ 46
신으로서의 ~ 182
인간으로서의 ~ 184
크샤라(kṣara) 179
크샤트리야 56, 58, 59, 270
~의 법도 56, 58
타마스(tamas) 225, 226, 227, 229,
230, 231, 232, 233, 237, 265
탄마트라 238
토착 신앙 42, 170, 171, 261, 277
트로이 유적 22
틸락, 발 강가다르(Bal Gangadhar
Tilak) 203, 221, 222, 239

【ㅍ·ㅎ】

판두 47
푸루샤(정신) 37, 183, 223, 224, 235,
236, 238
푸루쇼타마(지고의 정신) 179, 180,
202
프라크리티(물질) 37, 183, 223~226,
235, 236, 238, 239
~의 세 가지 구성요소(구나) 225

프로이트, 지그문트(Sigmund Freud)
227, 254

플로티노스(Plotinos) 238

한정불이론(限定不二論) 203

해탈 32, 34, 110, 213

행위 35, 210

행위자 157

행위(카르마)의 요가 102, 103, 106,
111, 124, 134, 135, 143, 148, 149,
152~154, 164, 203, 206, 207, 209,
211, 216, 219~222, 229, 253, 261,
262

호메로스 14

　『오뒷세이아』 14

　『일리아스』 14, 22

화신 17, 18, 41, 52, 62

힌두교 20, 21, 32, 38~41, 87, 170,
210, 243, 247, 255, 260, 277, 278